기분 나빴다면 미안해!?

기분 나빴다면 미안해!?

이남석 지음 | **정훈이** 그림

라임

비판적 사고로 멋지게 즐기자!

청소년에게 강연을 할 때 '논리'라는 말을 꺼내면 대부분 '논술'을 떠올리기 일쑤다. 혹은 유명한 철학자를 연상하기도 한다. 물론 이런 생각이 틀렸다는 건 아니다. 다만 여기서 더 넓게 바라보기를 권한다. 논리는 논술을 공부하는 학생이나 철학자에게만 필요한 게 아니라, 오늘날 모든 사람이 가져야 할 필수 항목이니까.

학생에게 논리가 왜 필요하냐고? 요즘 대학 입학 전형의 대세인 학생부 종합 전형에 지원하기 위해서는 자기소개서를 써야 한다. 대학에서 자신을 왜 뽑아야 하는지를 '논리'적으로 증명해 보여야 하는 것이다. 더 가까이는 학교에서 과제를 발표할 때나 주관식 답안을 작성할 때에도 논리를 사용해야 한다. 뿐만 아니라 각종 토론 대회에 참가해 다른 사람의 생각을 분석하고 비판할 때에도 논리가 필요하다.

사실 겉보기만으로는 논리와 관계가 없어 보이는 분야도 있다. 예술이나 디자인 쪽이 특히 그렇다. 독특한 감각과 예술적 감성, 그리고 무엇보다도 창의성이 필요한 분야니까.

하지만 예술이나 디자인 쪽에도 논리가 필요하다. 미술가는 자신이 생각하는 의미와 가치를 작품 안에 논리적으로 풀어낸다. 평론가도(이미 직업의 이름에 힌트가 들어 있지만!) '그냥 좋아요.'가 아니라 작품을 논리적으로 분석하고 평가한다.

도무지 이해가 되지 않는 현대 미술도 예외는 아니다. 캔버스에 물감을 마구 튀긴 듯 뒤죽박죽으로 보이는 잭슨 폴록의 〈가을의 리듬〉도, 캔버스를 바닥에 눕혀 놓고 여러 색깔의 물감을 흩뿌린 뒤 '액션 페인팅'이라는 이름으로 자신의 작품 활동을 설명하는 논리적 순서를 따른다.

유럽에서 가장 영향력이 있고 또 독특한 디자이너를 배출하기로 유명한 네덜란드의 '디자인 아카데미' 학생들은 예쁜 모양을 만드는 작업에 집중하지 않는다. 그보다는 "이 물건이 왜 필요한가?" "이 작품은 어떤 의미를 지니는가?"라는 질문에 논리적으로 답하고자 노력한다. 그러다 보면 본질적인 질문에 대해 고민하면서 자료를 찾게 되고, 결국은 자신만의 논리를 만들게 되는 것이다.

이 디자인 학교에서는 성적 평가를 점수로 하지 않고 '합격'과 '불합격'

으로만 가른다. 논리는 '논리에 맞는 것'과 '논리에 맞지 않는 것' 두 가지만 있기 때문이다. 그래서 서른 명이 입학하면 열 명 정도만 무사히(?) 졸업을 하게 되는데, 졸업할 때가 되면 자신의 작품을 논리적으로 만드는 방법뿐 아니라 다른 사람을 디자인으로 설득하는 능력까지 갖게 된다고 한다. 이는 예술적 창의성도 논리가 뒷받침되지 않으면 현실 세계에서 살아남을 수 없음을 경험한 선배 디자이너들이 고심해서 만든 시스템이리라.

때로는 창의성이 특별한 사람한테서 갑자기 툭 튀어나오는 것처럼 보이기도 한다. 또 창의성은 자유로운 생각에서 생겨나는 것이기에, 논리와 거리가 아주 먼 것처럼 느껴지기도 한다. 하지만 앞에서 이야기한 것처럼 창의성 역시 비판적 사고, 즉 논리력이 뒷받침되어야만 충분히 발현될 수 있다. 창의성은 그냥 '엉뚱한 생각'이 아니라 '문제를 논리적으로 해결할 수 있는 능력'이기 때문이다.

문제에 대한 분석을 하지 못하면 아이디어가 떠오를 수 없고, 일의 순서를 논리적으로 따지지 못하면 창의적으로 해결할 수 없다. 일상의 대화 중에도 중구난방으로 이야기하면 상대방을 설득할 수 없지 않은가. 자신의 생각도 비판적으로 따져 보지 못하는데, 어떻게 다른 사람의 의견을 비판할 수 있으랴.

이처럼 창의적인 분야에서부터 꼼꼼하게 매뉴얼을 따지는 전문적인 분야까지, 논리는 모든 분야와 과정에 필요하다. 그렇다고 해서 학교나 직장에서 시간을 들여 논리 퍼즐을 풀어야 한다는 말은 아니다. 이미 세상의 수없이 다양한 분야에서 발생하는 문제들을 풀기 위해 우리는 알게 모르게 '논리'적으로 따지며 살아가고 있기 때문이다. '인생은 실전'이라고나 할까? 일상적인 생활 속에서 우리는 끊임없이 논리적인 문제에 부딪히며 하나하나 풀어 나가고 있으니까 말이다.

이 책을 통해 생활 속에서 발생하는 문제들을 논리적으로 해결하고, 동시에 비판적 사고력을 키울 수 있게 되기를 바란다. 나아가, 우리 청소년들이 더 넓은 마음으로 세상을 바라보게 되었으면 좋겠다.

일단 책에 나오는 생각거리들을 즐기는 것부터 시작하자. 논리는 꼼꼼하게 따지면 따질수록 더 큰 재미를 준다. 한번 재미를 느끼게 되면, 억지로 해야만 하는 숙제처럼 고개를 푹 숙인 채 끌려가는 자세에서 자기도 모르게 저절로 벗어나 있을 것이다.

세상은 넓고 도전해야 할 일은 많다. 불행하게도 우리 인생에는 도전하지 않으면 절대로 넘어갈 수 없는 문제도 있다. 그나마 다행인 건 한숨이 푹푹 새어 나오는 문제들도 '논리'적으로 접근해 창의성을 발휘하면 얼마든지 멋진 기회로 변신할 수 있다는 점이다.

논리로 무장한 여러분의 멋진 도전을 항상 응원한다!

이남석

차례

너는 변태!

01

사과를 한 거야, 만 거야?

세상에 무서울 게 없다는 '중학생'인 수연이는 매일 얼굴을 마주하는 짝꿍을 볼 때마다 정이 뚝뚝 떨어졌다. 아니, 짝꿍뿐만이 아니라 중학교 생활 자체가 싫었다.

세상에, 남자애 이름이 수연이가 뭐냐고!!! 그나마 십사 년간 쌓은 공력으로 친구들에게 놀림당하는 건 이제 그러려니 할 수 있었다. 그런데도 학교가 싫은 이유는 바로 같은 반 아이들 때문이었다! 수연이와 같은 아파트에 사는 공부 잘하는 아이, 엄마 말을 무지막지하게 잘 듣는 아이, 그림을 무진장 잘 그리는 아이, 주먹이 세서 싸움을 잘하는 아이 등등.

같은 반 아이들과 비교하며 걸핏하면 기를 죽이는 엄마의 잔소리와, 잔뜩 주눅이 든 수연이를 시도 때도 없이 을러메는 아이들의 목소리가 중학교에 입학한 첫날부터 지금까지 줄곧 귓가를 맴돌았다.

사실 수연이 스스로도 다른 아이들과 비교해서 뭐 하나 똑 부러지게 잘하는 게 없는 자신이 한심하게 느껴질 때가 종종 있었다. 굳이 손꼽아 보자면 각종 컴퓨터 게임에 도통하고, 남들이 잘 모르는 애니메이션 캐릭터를 빠삭하게 꿰고 있다는 정도? 그렇지만 그런 건 현실 세계를 살아가는 데 하나도 도움이 되지 않을뿐더러 대놓고 떠벌리기도 뭐해서 더욱 속이 상했다.

수연이는 주변에 앉아 있는 애들을 할끔할끔 훔쳐보았다. 앞에는 교육청 영재교육원에 다니는 추서현이 산처럼 버티고 앉아 있었다.

암울해….
정가람 영원한 앙숙.
김소민 수연이 킬러.
추서현 엄친딸, 영재 교육을 받는 모범생.

그리고 옆자리에는 항상 수연이를 놀려 대기만 하는 정가람이 앉아 있었다. 수연이는 같은 아파트에 산다는 이유로 유치원 때부터 알고 지낸 가람이만은 제발 한 반이 되지 않기를 빌고 또 빌었다. 같은 반이 될 바에는 차라리 가람이의 소원대로 길거리 캐스팅이 되어서 학교에 오는 날이 확 줄어들게 해 달라고 간절히 빌었건만…….

그렇게 좋은 일은 절대로 수연이에게 일어날 리가 없었다. 십사 년 동안 그렇게 겪고도 또 실날같은 희망을 품다니……. 그것이 도리어 한심스러울 지경이었다. 그런 데다 심지어 이렇게 짝꿍까지 되어 버렸으니, 수연이로서는 기가 막히고 코가 막히지 않을 수가 없었다.

"어쩜, 넌 예전과 똑같구나!"

가람이가 입에 달고 사는 말이다. 수연이가 좋은 일을 하건 나쁜 일을 하건 간에, 가람이는 일단 눈을 가늘게 뜬 채 노래 부르듯 높낮이를 오르락내리락하며 한마디 툭 던지고는 혀를 끌끌 찼다.

이게 일명 정가람의 주특기, '굴욕 주기 3종 세트'였다.

성격이 이처럼 막돼먹었는데도 가람이는 학교에서 인기가 꽤 좋은 편이었다. 뭐, 인기는 둘째치고 '정의의 사도'라는 기함할 별명까지 붙어 있었다. 수연이 입장에서는 기가 찰 노릇이었다. 언제부터 정의의 사도가 비꼬는 말투를 필수 아이템으로 사용하게 되었단 말인가?

한번은 수연이가 억울한 마음에 가람이의 만행을 엄마에게 구구절절 일러바친 적이 있었다. '굴욕 주기 3종 세트'까지 포함해서 말이다. 그런데 엄마는 듣는 둥 마는 둥 하더니 대수롭지 않다는 듯 이렇게 대꾸하고

정가람 굴욕 주기 3종 세트

논리로 홈쇼핑 특별 구성~
정가람 굴욕 주기 3종 세트!!
스르르...
세트 1: 눈을 가늘게 뜬다.
어쩜
넌 예전과 똑같구나!
세트 2: 노래 부르듯 말한다.
쯧쯧...
세트 3: 혀를 끌끌 찬다.
지금 주문하셔서 굴욕을 맛보세요!
정가람의 굴욕 주기 3종 세트!
정가람 굴욕주기 3종세트 1588 xxoo
굴욕의 맛!
정가람 굴욕 주기 3종 세트
우쒸

말았다.

"으이그~, 언제 철들래? 중학생씩이나 되어 가지고선……. 네가 자꾸 어린애처럼 구니까 가람이가 더 그러는 거잖아."

오늘 겪은 일을 듣고도 엄마는 그때와 똑같은 반응을 보일까? 수연이는 방금 전에 일어난 일을 떠올려 보았다.

수연이는 보드라운 동물의 털을 만지작거리는 걸 좋아했다. 그래서 학용품을 사기 위해 받은 용돈의 대부분을 보드라운 털로 만들어진 고급스러운 여우 인형을 사는 데 다 써 버렸다. 게다가 수연이는 자신의 수중에 들어온 이른바 '희귀 아이템'은 꼭 학교에 갖고 가서 자랑을 해야만 직성이 풀리는 성격이었다.

그래서 오늘도 여우 인형을 가방에 매달고 가서 책상 위에 슬쩍 올려놓고는 마치 잠든 것마냥 엎드린 채 꼼짝도 하지 않았다. 지나다니던 아이들이 인형을 발견하고서 "우아~!"라고 반응해 주길 은근히 기다리면서. 물론 교실 통로 쪽으로 여우 인형이 예쁘게 늘어져 있도록 미리 세심하게 세팅해 놓는 건 자랑질(?)의 기본이었다.

그런데 한참이 지나도 애들은 별로 관심이 없는 듯 보였다. 그때 생각지도 못한 복병이 나타났다! 수연이 뒷자리에 앉은 참견쟁이 소민이었다.

"야, 너 같은 남자애가 인형을 좋아하다니! 하나도 안 어울린다, 얘. 빨리 나한테 넘겨. 내가 엊그제 새로 산 볼펜 줄게. 싫다고? 그럼 인심 팍팍 써서 필통까지 줄까?"

수연이는 소민이의 거친 목소리가 몹시 거슬렸다. 아니, 얄미운 소리를 할 때 짓는 얄궂은 표정도, 눈을 깜박이며 귀여운 척하는 몸짓도, 전부 다 마음에 들지 않았다. 게다가 고작 필통 따위와 이 소중한 여우 인형을 맞바꾸자니! 양심에 털이 잔뜩 달라붙은 것 같은 그 소리는 더더욱 듣기 싫었다. 중학교 입학식 날부터 쓰던 낡은 필통을 마치 대단한 선물인 양 말하는 꼴이라니…….

"네가 가지고 있는 건 다 여자애들 취향이잖아. 내가 남이 쓰던 건 절대로 안 갖는데, 크게 인심 써서 바꾸자는 거야."

수연이는 정말이지 소민이와 말을 섞고 싶지 않았다. 그러자 소민이는 마치 자기가 크게 양보하는 것처럼 목소리를 드높였다.

"알았어, 우리 타협하자. 여우 인형만 줘. 됐지?"

참말로 어이가 없었다. 수연이는 연필 한 자루 바꿀 생각도 없는데 저 혼자서 타협이라니! 이대로 있다가는 여우 인형을 꼼짝없이 빼앗길지도 모른다는 생각이 들었다. 그래서 여우 인형을 허겁지겁 교복 윗도리 안에다 마구 쑤셔 넣었다.

"어라, 지금 뭐하자는 거야? 장난쳐? 나더러 교복 안에 손을 넣어서 꺼내 가라는 거야, 뭐야?"

소민이가 수연이를 향해 손가락질을 하면서 큰 소리로 떠들었다.

"수연이, 쟤 완전 변태야. 이름만 여자애 같은 게 아닌가 봐. 어쩌면 팬티도 여자애들처럼 예쁜 걸 찾아 입는 거 아냐? 저런 애가 커서 나중에 바바리맨이 되는 거라니까."

그러고는 그새 주변에 모여든 아이들과 함께 까르르 웃어 댔다.

수연아…
소민아,
무슨 일이야?!
확!
푸하하~
너는 변태!

'변태.'

수연이가 가장 듣기 싫어하는 말이었다. 남자는 어때야 한다는 편견만으로, 예쁜 물건을 좋아하는 자신을 변태라고 부르는 건 참을 수 없었다. 절대로 듣고 싶지 않던 말이 튀어나오자, 수연이는 아까부터 참고 있던 화를 한번에 터뜨렸다.

"변태라니, 내가 왜 변태야!"

수연이는 버럭 소리를 질렀다. 하지만 대거리하는 소민이의 기세도 만만치 않았다.

"그럼, 변태가 아니라고? 이것 봐!"

소민이는 갑자기 수연이의 윗도리를 확 잡아당겼다. 그러자 수연이의 허리춤에서 여우 인형이 툭 떨어졌다. 깜짝 놀란 수연이가 인형을 잽싸게 주워 들었지만, 복실복실한 털이 달린 인형이 교복 윗도리 안에서 나와 이상야릇해 보이는 건 어쩔 수 없었다.

소민이는 마치 증거품이라도 되는 양, 수연이의 인형과 학용품을 가리키며 목소리를 높였다. 수연이는 억울해서 눈물이 핑 돌았다. 하지만 예쁜 물건을 좋아하는 건 이기고 지는 문제가 아니라는 생각에, 두 눈에 힘을 빡 주고 목소리를 높여 외쳤다.

"예쁜 물건을 좋아하는 게 왜 변태야? 그리고 난 인형이 아니라, 보드라운 털을 좋아하는 거라고!"

그게 실수였을까? 애들은 '털을 좋아한다'는 말에 오히려 까르르 웃음을 터트리며 우르르 몰려들었다. 그러자 옆에서 '쯧쯧~.' 하고 혀를 차는 소리와 함께 작은 목소리가 들려왔다.

"어쩜, 넌 예전과 똑같구나."

굴욕적인 말을 내뱉은 건 짝꿍 정가람이었다. 막아 줄 거라고는 기대도 하지 않았지만, 그래도 가장 먼저 비난의 화살을 날리리라고는 상상도 하지 못했다. 수연이는 가람이에게 부쩍 화가 치밀었다.

워낙에 학교에서 있는 듯 없는 듯 지내는 처지인지라, 잘 모르는 아이들은 가람이 말만 듣고 이상한 눈길로 쳐다보았다. 그중에는 반의 일진을 자처하는 차청일이라는 애도 있었다. 녀석이 인상을 구기면서 살벌하게 속삭였다.

"병신 같은 게. 너, 다음에도 남자 망신시키면 가만 안 둘 거야."

최근에 같은 게임을 하면서 친해진 규상이가 입을 달싹였지만 뭐라고 하는지 잘 들리지 않았다. 수연이는 자기편이 하나도 없다는 생각에 점점 호흡이 거칠어졌다.

그때 종례 시간을 알리는 종이 울리면서 사태는 일단락이 되었다. 하지만 수연이는 얌전히 앉아 있을 수가 없었다. 중학교 생활 내내 왕따를 당하는 자신의 모습이 눈앞에 선명하게 그려졌다. 이런 식으로 억울하게 왕따를 당하며 황금 같은 학창 시절을 보낼 수는 없었다!

수연이는 선생님이 교실로 들어오자마자, 분을 삭이지 못한 채 벌떡 일어서서 대뜸 소리쳤다.

"선생님, 저 반 바꿔 주세요!"

반 아이들의 시선이 한꺼번에 쏟아지자, 수연이는 급히 얼굴을 가리고 자리에 앉았다.

"수연이가 왜 저러는 건지, 누가 얘기 좀 해 볼래?"

처음에는 아무도 대답을 하지 않았다. 선생님이 연거푸 다그치자 규상이가 일어나서 자초지종을 설명했다. 이야기를 다 듣고 난 선생님은 엄한 목소리로 이렇게 말했다.

"사람마다 취향이 다른 건데, 그런 걸로 놀리면 안 되지. 그리고 변태라니! 그런 말은 장난으로라도 쓰면 안 돼. 자신이 원하는 걸 얻지 못했다고 해서 아무 말이나 함부로 하는 건 옳지 않아. 이번 일은 소민이가 잘못했으니까 수연이에게 사과하렴."

소민이는 억울하다는 표정을 지었지만, 선생님의 단호한 말씀에 내키지 않은 목소리로 한마디 툭 뱉었다.

"기분 나빴다면 미안해."

수연이는 마음이 온전히 풀린 건 아니었지만, 선생님과 친구들이 지켜보고 있어서 아쉬운 대로 소민이의 사과를 받아들였다. 개운하지는 않았으나, 드세기로 소문난 소민이에게서 공개적으로 사과를 받았다는 데 의의를 두기로 했다.

이때만 해도, 수연이는 하루가 그렇게 마무리되는 줄 알았다.

그날 저녁, 아파트 단지에서 친하게 지내는 엄마들이 아이들을 대동하고 수연이네 집에 모여서 함께 저녁을 먹었다.

"학년이 올라갈수록 점점 더 바빠질 테니까, 애들끼리 잘 지내게 밥 한번 먹으면 좋겠더라고요~."

상다리가 휘어지게 음식을 차려 놓은 걸 보니, 엄마의 오지랖이 제대로 발동한 모양이었다. 아마도 수연이가 우등생인 서현이와 친해져서 어떻게든 열심히 공부하기를 바라는 거겠지. 그런데 밥을 먹는 내내 아이들은 젓가락만 깨지락거릴 뿐, 다들 입을 꾹 다물고 있었다.

참다못한 수연이 엄마가 결국 가람이에게 요즘 학교생활이 어떤지 물어보았다.

"수연이 녀석이 도통 말을 해야지. 너희끼리 하는 말이라도 옆에서 들어 보려고 했더니만, 이 녀석들이 아예 말을 안 섞네. 가람이 네가 이야기

좀 해 볼래?"

가람이는 수연이 얼굴을 쓱 훑고 나서 입을 열었다.

"별일 없었어요. 오늘 수연이가 변태로 몰린 거 말고는요."

가람이는 마치 미리 연습이라도 한 것처럼 학교에서 있었던 일을 쫙 늘어놓았다.

"이그, 녀석! 그런 물건을 왜 학교에 갖고 갔어? 아유, 내가 못살아."

정작 피해자는 자신인데도 엄마가 애꿎은 잔소리를 퍼부어 대자, 수연이는 억울한 마음이 또다시 솟구쳤다. 하지만 다른 애들이 있는 데서 엄마한테 마구 대들면 모양이 빠질 테고……, 결국 가람이한테 화살을 돌려버렸다.

"내가 마지막에 사과를 받아 냈다는 말은 왜 빼?"

가람이는 그게 무슨 소리냐는 듯, 눈을 동그랗게 뜨고 받아쳤다.

"사과 못 받았잖아."

"내가 사과를 받지 못했다고? 무슨 말이야? 선생님이 시키셔서 소민이가 사과하는 걸 반 아이들이 다 봤는데……?"

답답한 마음에 말이 두 배나 빨라진 수연이와 달리, 가람이는 느긋한 목소리로 대꾸했다.

"소민이가 뭐라고 그랬는데? '기분 나빴다면 미안해.'라고 했잖아. 그게 어떻게 사과니?"

"진심 어이없다. 미안하다고 했으면 사과를 한 거지. 어째서 아니라는 거야?"

"너, 정말 바보구나? 소민이는 사과를 한 게 아니래도."

귀 기울여 듣고 있던 엄마들도 가람이의 말이 이상하다고 생각했는지, 고개를 갸웃거리며 하나둘 끼어들었다.

"어……, 그거 사과한 거 아니니? 아줌마 생각에도 사과를 받은 게 맞는 거 같은데."

"그러게, 얼마나 더 정중하게 사과를 해야 하는 거야?"

가람이는 얼굴을 붉히며 서현이를 가리켰다.

"저도 서현이한테 듣고 알았어요. 서현이에게 물어보세요."

평소에도 우리 반에 무슨 일이 생길 때면 서현이가 하는 말이 결론이 되는 경우가 많았다. 서현이가 천재일지도 모른다고 생각하는 선생님도 있었다. 서현이에게 성적이 조금(?) 밀릴 뿐, 혼자서 조용히 뭘 한다는 점에서는 수연이와 별반 차이가 없는데도 말이다. 그런데도 서현이가 매번 자신과 사뭇 다른 평가를 받자, 수연이는 은근슬쩍 샘이 나기도 했다.

내 사과를 받아줘!
으~.

서현이가 조심스럽게 말을 꺼냈다.

"소민이는 사과를 한 게 아니에요."

수연이는 저절로 입이 딱 벌

어졌다. 정말이지 어이가 없었다. 서현이가 교과서에 없는 이야기를 할 때마다 별 관심이 없어서 그냥 넘어갔지만, 이번만큼은 잘못 알고 있다는 생각이 들었다.

"그게 무슨 소리야?"

수연이가 다그치듯 말하자 금세 분위기가 싸늘해졌다. 서현이는 얼음처럼 냉각된 분위기에 곤란한 표정을 지으며 어렵사리 말을 꺼냈다.

"나도 논리 공부를 하면서 알게 된 거야. 일단 명제가 무엇인지 알아야 설명할 수 있는 얘긴데……."

"뭐? 명제? 야, 어려운 말로 대충대충 넘어가려고 꼼수 쓰지 말고 똑바로 말해."

"이걸 설명하려면 꼭 써야 하는 용어라서 그래. 그러니까 지금은 자세히 설명하기가 힘들다고."

"그래, 내 머리가 나빠서 설명도 못 해 주겠다, 이거지?"

"머리가 좋든 나쁘든 아무 상관 없어. 논리는 일정한 틀에 맞춰 생각할 줄 아느냐 모르느냐의 문제니까. 상황을 올바르게 판단하려면 최소한 논리가 무엇인지 정도는 알고 있어야 하거든."

"그 말이 그 말이네. 논리적으로 내 머리가 나쁘다는 거 아니야?"

"그 말 아닌데……."

서현이가 무슨 말을 해도 수연이는 화가 치밀어 올랐다. 그래서 큰 목소리로 이렇게 따졌다.

"사실은 너도 잘 몰라서 설명을 못 하는 거 아냐?"

"아들, 서현이가 너 같은 줄 아니? 같은 반도 되었겠다, 한 학년 동안 사이좋게 지내라고 함께 저녁 먹는 자리를 마련한 건데 이러다 말싸움으로 끝나게 생겼네. 적당히 해~."

엄마의 말씀에 수연이는 더 화가 났다. 이대로 무시당하며 살 수는 없는 노릇! 수연이는 엄마를 포함한 다른 사람들 앞에서 얄미운 모범생 서현이의 콧대를 보기 좋게 꺾어 주어야겠다고 결심했다. 그러면 그 누구도 더 이상 자신을 무시하지 못할 테니까.

'뭐, 명제? 논리? 그래, 두고 봐.'

수연이는 무슨 수를 써서라도 논리 실력을 갈고닦아서 보란 듯이 서현이를 이기리라 다짐했다.

'내가 얼마나 똑똑한지 증명해 주지. 그나저나 논리도 대회가 있던가? 아냐, 그런 대회에선 오히려 서현이가 유리할지도 몰라. 차라리 둘이서 논리 배틀을 벌여 코를 납작하게 해 주는 게 낫지. 그래, 좋아. 승부다!'

수학이나 영어가 아니라서 차라리 다행이라는 생각에 수연이는 옅은 미소를 지었다. 불같이 화를 내던 수연이가 갑자기 미소를 보이자 모두들 어안이 벙벙해졌다. 하지만 수연이는 이미 자신만의 생각에 빠져서 다른 게 눈에 들어오지 않았다. 내가 이기면 서현이에게 이렇게 말해 줘야지.

"기분 나빴다면 미안해. 내 머리가 더 좋아서 미안해. 그리고 미안하다는 말의 의미를 내가 제대로 가르쳐 주게 되어서 미안해~!"

흐흐, 어떠냐?

02
참이냐, 거짓이냐?
그것이 문제로다

다음 날 수연이는 수업이 끝나자마자 서점에 들렀다. 엄마한테 공부하겠다는 약속을 하고 책 살 돈을 받아서 나온 참이었다. 서점에서 논리에 관한 책을 이것저것 살펴보니, 낯선 단어로 가득한 책이 너무 많았다.

얼마나 시간이 흘렀을까? 수연이는 원하는 책을 가까스로 찾아냈다. 책에는《논리의 족보를 파는 책방 : 생각할수록 재미있는 논리 게임》이라는 제목이 붙어 있었다.

게임이라고? 게임에서만큼은 일등이라고 자부하는 수연이는 얼른 계산대로 가서 돈을 내고 책을 샀다. 서점 한 귀퉁이를 차지하고 있는 화려한 문방구에 들르지 않은 채 책만 사서 곧장 나온 건 이번이 처음이었다.

수연이는 집에 돌아오자마자 새로 산 책을 책상에 올려놓고 공책을 꺼냈다. 그리고 책 첫머리에 나온 것처럼 공책 겉장에 '논리의 족보를 파는 책방'이라고 제목을 적었다. 책에는 비판적 사고를 기르기 위해서 논리를 공부해야 한다고 나와 있었다. 그리고 토론이 상당히 중요하단다. 토론을 하기 위해서는 모둠을 꾸려 책을 읽는 게 가장 좋다나.

수연이는 논리 실력을 키우는 데 도움이 될 만한 똑똑한 아이들을 순서대로 머릿속에 떠올려 보았다. 그리고 가장 높은 순위에 있는 친구에게 전화를 걸었다.

"너, 나랑 같이 논리 공부할래?"

수연이는 '추서현+정가람 팀'에게 도전하기 위해서 논리 공부를 한다는 말은 하지 않았다. 전교 일등이 버티고 있는 팀과 대결한다고 하면 처음부터 안 하겠다고 할 게 뻔하니까.

관심 없어!
바빠.
학원 다녀.
논리 공부 같이 할래?

"글쎄, 논리는 수업 시간에 배우는 과목이 아니라서 엄마가 허락 안 해 주실 거야."

"사실은 공부가 아니라 '게임'이야."

일순위에 올라 있는 친구는 수연이 말에 처음에는 솔깃해했지만, 책으로 하는 게임이라는 말을 듣자 곧바로 거절했다. 몇 명에게 전화를 더 걸어 보았지만 반응은 똑같았다.

이제 순위표에 남아 있는 아이는 규상이밖에 없었다. 학원에 다니지 않는 규상이는 성적도 별로였다. 심지어 서로의 집에 놀러 간 적이 없을 정도로 아주 친한 사이도 아니었다. 하지만 어제 변태 사건이 터졌을 때 규상이가 자신의 편을 들어줬던 게 떠올라서 전화번호를 눌렀다.

"공부는 싫어. 뭐? 언제부터 책 읽는 걸 게임이라고 부르기 시작했냐? 야, 너 게임이 뭔지 몰라?"

"아니, 논리 게임은 재미가 있다니까. 같이하자, 규상아."

잠시 정적이 흘렀다. 하지만 스마트폰 너머로 규상이의 머리 굴리는 소리가 들리는 것 같았다. 한참 뒤, 규상이가 입을 열었다.

"너네 집에서 컴퓨터 게임부터 같이하고, 나중에 네 수집품 중 하나를 나한테 넘긴다면 생각해 볼게."

수연이는 일단 전화를 끊었다. 규상이가 염두에 두고 있는 물건이 과연 무엇일까? 걱정스런 마음에 방 안을 둘러보았다. 피규어, 로봇, 털 달린 인형 등 수연이에게는 분신과도 같은 물건들이 가득했다. 아무래도 규상이가 원하는 물건을 선뜻 내줄 수 있을 것 같지가 않았다.

수연이는 친하지 않은 아이 몇 명에게 더 전화를 걸었다. 수연이의 이름조차 기억을 못 하는 아이도 있었고, 이야기가 끝나기도 전에 집이 멀다는 핑계를 대는 아이도 있었다. 결국 수연이와 함께 논리를 공부하겠다는 아이는 아무도 없었다.

수연이는 마지못해 규상이에게 다시 전화를 걸었다. 순위표 위에 있는 아이들에게 먼저 전화를 돌렸다는 사실을 모르는 규상이는 당장 책을 사러 가겠다고 나섰다. 책을 사서 바로 수연이네 집으로 갈 테니, 수집품들을 잘 진열해 놓으라나 뭐라나. 쳇, 뻔뻔하기도 하지.

'여우 피하려다가 호랑이에게 걸린다더니. 딱 이런 경우를 두고 하는 말이네.'

하지만 주사위는 이미 던져졌다. 수연이의 말이라면 무조건 딴죽을 거는 가람이와, 아닌 척하면서 은근슬쩍 잘난 체하는 서현이에게 복수한 뒤 맛볼 기쁨에 비하면 이 정도 희생은 아무것도 아니었다. 그때까지만 해도 알지 못했다. 규상이 때문에 문제가 아주아주 복잡해질 거라는 사실을.

규상이는 원하는 물건을 갈취하는 데 그치지 않고, 컴퓨터 게임을 한 시간 정도 하고 난 뒤에야 책을 펼쳤다. 책은 '명제'에 대한 이야기로 시작하고 있었다.

논리학을 한마디로 정의하자면, '말의 법칙을 다루는 학문'이라 할 수 있다. 논리학의 기초는 '명제'에서 시작한다.

명제는 마침표로 끝나는 하나의 문장이다. 그러나 마침표로 끝난다고 해서 모든 문장이 명제가 될 수 있는 것은 아니다. 반드시 '새는 날 수 있다.'와 같이 참과 거짓을 판단할 수 있는 내용으로 구성되어야 한다.

예를 들어, '내 사랑은 파란색이다.'와 같은 문장은 마침표로 끝나기는 하지만, 참과 거짓을 판단할 수 없는 애매한 문장이기 때문에 명제가 될 수 없다.

명제는 논리학에서 참과 거짓을 명확하게 판단할 수 있는 가장 작은 단위이다.

또 비판적 사고의 필요성에 대해서도 자세히 나와 있었다. 수연이는 책에서 하라는 대로 내용을 요약해서 공책에 옮겨 적었다. 수연이만의 '논리 족보'가 만들어지는 순간이었다.

규상이는 옆에서 수연이가 요약한 내용을 자기 공책에 그대로 옮겼다. 마찬가지로 규상이의 '눈치 족보'가 생기는 순간이었다.

어느덧 1장의 내용이 끝나고 연습 문제가 등장했다.

1. 다음 중 명제를 고르시오.

① 삼각형의 꼭짓점은 네 개이다.

② 창문을 닫아라.

③ 우리는 아름답다.

④ 사람은 영원히 살 수 있을까?

수연이는 쉽게 답을 찾을 수가 없었다. 명제로 보이는 게 하나도 없었다. ①번은 사각형이라고 했다면 맞는 말이었을 것이다. 그나마 ④번이 철학적(?)이라는 느낌이 들어서 논리의 소재가 될 수 있을 것 같았다. ④번을 고르고 답을 확인했다. 틀렸다! 시작부터 느낌이 좋지 않았다. 수연이는 해설을 찾아봤다.

①번이 명제이다. 단, 그 내용이 거짓일 뿐이다. 만약 '삼각형의 꼭짓점은 세 개다.'라고 했으면 참인 명제가 되는 것이다. 명제는 참과 거짓을 논할 수 있는 문장을 뜻하며, 거짓이라고 해서 명제가 아닌 것은 아니다.

거짓말하지 마!
꼭짓점이 몇 개야?
네 개
맞는데요….
삼각형

②번은 명령문이다. 즉 '무엇은 무엇이다.'라는 식의 참과 거짓을 판단할 수 있는 내용이 아니므로 명제가 아니다.

③번 역시 참과 거짓을 판단할 수 없는 내용으로 되어 있다. '우리'는 읽는 사람에 따라 달라지는 대명사이다. 즉 노인이 읽으면 노인이, 아이가 읽으면 아이가 된다. 게다가 '아름답다'라는 말도 개인의 시각이 들어가는 단어이므로 객관적인 명제라고 볼 수 없다.

④번은 의문문이다. 명령문과 마찬가지로 의문문도 명제가 될 수 없다. 만약 '사람은 영원히 산다.'라고 표현했다면 내용이 거짓이라 할지라도 명제가 될 수 있다. 명령문, 의문문 이외에 '~하자'라고 권유하는 청유문도 명제가 될 수 없다.

수연이는 해설을 찬찬히 읽으며 책의 시작 부분에서 보았던 말을 다시 떠올렸다. 논리학은 '애매함과 전투를 벌이는 생각 게임'과 같다고 했다. 각자가 다르게 해석할 가능성이 높은 문장은 피해야 한단다.

참과 거짓을 판단하기 위해 필요한 것만 뽑아내는 과정이, 온라인 게임에서 필요한 아이템만 모으고 나머지는 팔거나 버리는 것과 상당히 비슷했다.

수연이와 규상이는 또 다른 연습 문제에 도전했다.

2. 친구들과 '비판적 사고'의 필요성에 대해서 토론하시오. 그리고 상대방 주장의 핵심을 하나의 문장으로 정리하고, 그 생각의 문제점을 비판하시오.

수연이가 먼저 규상이에게 물었다.

"비판적 사고가 왜 필요하냐?"

"그게 왜 필요해? 난 그런 거 없이도 잘 지내는데."

정녕 어이가 없었다. 이런 식으로는 서현이가 버티고 있는 팀을 절대로 이기지 못할 터였다. 수연이는 조급한 마음에 규상이를 다그쳤다.

"야, 지금 장난해?"

"무슨 소리야? 난 정말 그렇다니까."

"아까 책에서 본 내용 있잖아. 명제에 대한 설명 전에 나온 이야기를 읽고 느낀 점 없어?"

"아, 그거. 솔직히 무슨 말인지 모르겠어서 네가 공책에 요약한 거 보고 베꼈어."

수연이는 숨이 턱 막혔다. 갑자기 막힌 숨을 뚫고 수연이 입에서 욕이 터져 나왔다.

"야! 이씨~, 잘한다! 비판적 사고를 하기 위해서 논리를 배운다는 애가 줄창 베끼기나 하고. 이게 무슨 암기 과목이냐? 너, 이런 식으로 하면 계약 위반이야."

"계약 위반?"

수연이는 규상이에게 열심히 공부하지 않으면 아까 줬던 물건을 되돌려 받을 것이고, 다시는 자기 집에 놀러 오지 못하도록 하겠다며 으름장을 놓았다. 규상이는 떨떠름한 표정을 지으며 책의 내용을 다시 훑어보았다.

"그냥 막 적어서 그런지 잘 모르겠네. 책을 다시 읽어 봐야겠다."

비판이라고 하면 '꼬치꼬치 따지는 행동'이라고 생각하는 사람이 많다. 그러나 비판적 사고는 그저 어떤 정보가 들어왔을 때 꼬치꼬치 따지는 '분석' 이상의 의미를 갖고 있다.

비판적 사고는 어떤 정보나 주장을 접했을 때 그것이 참인지 거짓인지를 판단해서, 그 정보나 주장의 가치를 정확하게 평가하는 것을 의미한다. 즉 올바른 판단과 건전한 생각을 하는 출발점이라고 할 수 있는 것이다. 만약 비판적 사고 없이 외부의 정보와 주장을 주구장창 받아들이기만 한다면, 다른 사람에게 조종당하거나 상황에 맞지 않는 판단을 해서 혼란을 겪을 수밖에 없다.

비판적 사고는 문제점을 지적하지만, 문제를 일으키기 위한 것이 아니라 해결하기 위해 필요한 것이다.

다시 읽어 보니 그리 어렵지도 않았다. 수연이의 요약을 굳이 베낄 필요가 없었다는 생각이 들었다. 규상이는 수연이를 빤히 쳐다보며 말했다.

"난 이미 비판적 사고를 잘하고 있는걸. 비판적 사고력을 발휘해 볼까? 네 요약정리는 한마디로 꽝이야. 책에는 독자 나름대로 비판적인 사고를 통해 요약정리하라고 나와 있는데, 너는 거의 베껴 쓰다시피 했잖아. 이 문장은 아예 그대로 옮겼는데? 나보고 베꼈다고 욕할 것도 없네, 뭐."

수연이는 속이 부글부글 끓었다. 규상이 말에 자존심이 팍 상했지만, 사실은 사실이었다. 수연이는 당황해서 "이게 그냥!"을 고장 난 로봇처럼 반복하다가 문득 한 가지 변명이 머릿속에 떠올랐다.

"야, 문제는 비판적 사고의 필요성에 대해서 토론하라는 거잖아. 내 공책 정리에 대한 평가를 내리라는 게 아니라고."

"아 참, 그렇지."

방금 전까지 의기양양하던 규상이가 입을 다물자 잠시 침묵이 흘렀다.

"자, 이제 비판적 사고가 왜 필요한지 말해 봐."

"왜 만날 나만 먼저 대답해? 네가 먼저 해."

수연이와 규상이는 서로 먼저 대답하라고 우기다가 말다툼으로 번지기 시작했다. 이러다가는 상대 팀과 겨루기도 전에 내분으로 팀이 깨질 것만 같았다. 수연이가 한발 물러서며 대답했다.

"그럼 내가 먼저 말할게. 비판적 사고가 왜 필요하냐면……."

수연이는 크게 숨을 쉰 뒤 천장을 보며 생각에 잠겼다. 왜 비판적 사고가 필요한지는 이미 책에 나와 있었지만, 그 말을 똑같이 옮겼다가는 규상이에게 또 욕을 먹을 것 같았다.

"너도 대답하기 힘들지? 여러 가지 생각 중에서 하나를 콕 집어 말로 표현하는 게 얼마나 어려운 일인데……."

규상이는 쩔쩔매는 수연이를 보며 이렇게 말했다. 그때 수연이의 머릿속을 번뜩 스치는 것이 있었다.

"비판적 사고는 우리가 현명한 판단을 내리기 위해서 필요한 거야. 우리는 항상 판단을 하잖아? 무엇을 먹을지, 어떤 방송을 볼지, 어떻게 게임을 할지, 무슨 말을 할지……, 매 순간순간 선택을 해야 하니깐. 그렇게 판단을 내려서 선택을 하면, 그 결과에 따라 사는 게 달라지는 거지."

"오호!"

규상이는 자기도 모르게 감탄을 했다. 그러자 수연이가 약간 거드름을 피우며 말했다.

"내가 선택한 음식이 맛있어서 행복하기도 하고, 맛없어서 짜증이 나기도 하잖아. 그러니 판단을 잘하면 그만큼 행복해질 가능성이 높아지겠지. 현명한 판단을 하기 위해서 비판적 사고가 필요한 거야."

규상이가 아무 말을 하지 않자 수연이가 재촉했다.

"너도 가만히만 있지 말고 말을 해야지! 이야기를 주고받아야 토론이 되는 거잖아."

규상이가 더듬거리며 대답했다.

"아직……, 나한테 토론은 어려워."

"어려워도 해야지. 책에 그렇게 쓰여 있잖아. 연습 문제를 풀어야 실력이 는다고."

"하지만 문제가 어려워서 풀기 힘들면 다음 문제로 넘어가도 된다고도 적혀 있는걸."

규상이는 책장을 넘겨 '도서 활용법'을 설명한 부분을 펼쳤다. 그러고는 자기가 말한 문장을 손가락으로 짚었다. 그 문장 아래에는 큰 글씨로 이렇게 쓰여 있었다.

논리는 즐기는 자세가 가장 중요하다.

수연이가 큰 소리로 짜증을 냈다.

"뭐 이런 책이 다 있어? 언제는 꼼꼼하게 끝까지 따져 보라더니? 이렇

비판적 사고를
길러 주는 책입니다.
꼼꼼히 살펴보세요!
비판적 사고
꼼꼼
하게…
음….
살 게
못 된다.
꼼꼼하게
검토하길
잘했어.
…

게 앞뒤가 안 맞는 게 무슨 논리 책이라는 거야!"

"네가 고른 거잖아. 자신의 판단으로 결과가 달라진다며? 한심하다, 한심해. 야, 네가 사자고 한 책부터 비판적으로 봐야겠다. 근데 이런 책으로 공부해도 괜찮은 거야?"

수연이는 남의 속도 모르고 떠들어 대는 규상이를 서둘러 집으로 돌려보냈다. 그런데 문득 서현이는 어떤 책으로 논리 공부를 하는지 궁금증이 일었다. 서현이가 보는 책을 알아낸다면 자신도 논리 실력이 쑥쑥 늘어날 것만 같았다. 그렇지만 도전할 상대인 서현이한테 직접 전화를 걸어서 물어볼 수는 없는 노릇이고……. 한참을 고민하던 수연이는 가람이의 여동생 다솜이를 떠올렸다.

'가람이랑 같은 아파트에 사는 건 짜증나는 일이지만, 몰래 일을 꾸밀 때는 좋은 점도 있네.'

수연이는 인터폰으로 가람이네 집을 호출했다. 만약 가람이가 직접 전화를 받으면 번호를 잘못 눌렀다고 잡아뗄 작정이었다. 다행히 다솜이 목소리가 들렸다.

"다솜아, 내가 오늘 새로운 거 하나 뽑았는데, 구경하러 올래?"

"알았어, 오빠. 당장 갈게."

다솜이는 흔쾌히 대답했다.

수연이와 다솜이는 조그만 캐릭터 피규어를 모으는 취미가 같았다. 학교 앞 뽑기 기계에 있는 캐릭터를 종류별로 모두 소장(?)하고 있는 수연이에게 도전할 수 있는 인물은 다솜이밖에 없었다. 둘은 각자 가진 캐릭터를 맞바꾸기도 했다.

가람이가 수연이를 싫어하는 이유 중의 하나가 바로 자기 동생과 친하다는 점이었다. 그래서 자꾸 수연이한테 별명을 붙여서 놀려 대기 일쑤였다. 다솜이와 같은 초등학교를 다닐 때에는 '초딩 2호'라고 놀려 대더니, 올해 들어서는 밑도 끝도 없이 그냥 '유중딩'이라고 불렀다. 괘씸한 마음에 수연이도 가람이를 똑같이 유중딩이라고 부르기 시작했지만, 다른 아이들은 수연이한테만 유중딩이라고 불러 댔다.

수연이는 다솜이가 올 때까지 진열장의 캐릭터들을 정돈했다. 하루 중에서 가장 마음이 편해지는 시간이었다. 그런데 웬걸! 정돈을 하다가 갑자기 중대한 사실을 한 가지 깨달았다. 규상이가 가져간 캐릭터가 하필이면 예전부터 다솜이가 노리던 거였다! 수연이는 빈자리가 느껴지지 않도록 진열장 안의 피규어들을 서둘러 다시 배열했다.

하지만 그건 어디까지나 수연이만의 희망 사항이었다. 얼마 뒤에 나타난 다솜이는 진열장을 쓱 훑더니 없어진 캐릭터를 단박에 알아챘다. 수연이는 할 수 없이 사실대로 불었다.

"오빠, 지난번에 캐릭터 교환할 때 한 말 잊었어? 우리 아빠가 일본에서 사 오신 캐릭터랑 바꾸고 싶다면서, 바꿔 주기만 하면 덤으로 나한테 준다고 했던 거잖아. 그래서 내가 허락한 거였는데?"

"글쎄, 기억이 잘 안 나는데."

"정말 이럴 거야?"

다솜이는 목소리를 높이며 방방 뛰었다. 캐릭터에 대한 집착이라면 다솜이 역시 수연이에게 절대로 뒤지지 않았다. 수연이는 그때 한 말을 분명하게 기억하고 있었지만, 규상이에게 이미 줘 버린 캐릭터를 이제 와서 어쩔 수도 없는 노릇이었다. 수연이는 최후의 수단으로 최근에 산 여우 인형을 다솜이에게 내밀었다.

"이건 캐릭터가 아니잖아. 이런 인형은 나도 많단 말이야!"

다솜이는 여우 인형을 거들떠보지도 않았다.

"아니야, 이건 진짜 여우 털로 만든 거라고."

"뭐? 그럼 여우를 죽여서 만든 거야? 그건 더 싫어."

"그게 아니라 여우 털을 깎아서 일일이 붙인 거야. 외국 장인이 한 땀 한 땀 공들여 만든 거라 아주 비싸. 한번 만져 봐."

다솜이는 인형 털을 만져 보더니 그제야 놀라는 눈치였다. 하긴, 누가 만져도 기가 막히게 보드라웠으니까. 하지만 한편으로 수연이는 양심이 콕 찔렸다. 가게 주인아저씨가 진짜 여우 털은 아니라고 했기 때문이다.

"알았어, 그럼 여우 인형을 가져갈게."

겨우 진정한 다솜이가 마

지못한 얼굴로 허락했다.

"실은 이게 캐릭터 피규어보다 훨씬 더 비싸. 너한테 줬다는 걸 들키면 엄마한테 혼날지도 몰라. 대신에 부탁 하나만 들어주라."

"뭔데?"

"서현이가 요즘에 논리 공부를 하고 있는데, 무슨 책으로 공부하는지 좀 알아다 줘. 다른 이야기 하다가 슬쩍 물어보면 될 거야."

"오빠랑 서현이 언니랑 같은 반이잖아? 학교에서 직접 물어보면 안 돼?"

처음에는 거절하던 다솜이도 수연이가 학교에서 겪은 일을 이야기하자 눈빛이 달라졌다.

"이 여우 인형에 슬픈 사연이 있었구나. 알았어, 그럼 내가 물어볼게."

다솜이 역시 엄마가 자꾸 서현이 언니와 비교해서 짜증이 나던 참이었단다. 수연이는 자신을 백배 이해하는 다솜이를 보면서 '규상이보다 나은데?' 하는 생각까지 들었다.

수연이는 진지하게 선수 교체를 해야 할지 말지 고민해 보았다. 하지만 규상이가 자신의 필기 내용을 비판하던 걸 떠올려 보면, 어린 다솜이보다는 눈곱만큼이라도 나은 게 있을 거라는 생각이 들었다.

수연이는 마음을 고쳐먹고 규상이한테 잘해 주기로 결심했다.

03

세상에, 히틀러가 착한 사람이라고?

삼단 논법으로 논증하기

수연이는 나흘 동안 목을 빼고 다솜이의 연락만 기다렸다. 서현이는 월요일부터 토요일까지 학원에다 영재교육원까지 다니느라 연예인만큼이나 바빴다. 집에 있는 시간은 일요일뿐이었다. 그러다 보니 다솜이도 서현이 얼굴을 볼 틈이 거의 없을 터였다.

일요일 저녁, 드디어 다솜이가 수연이에게 연락을 했다.

"책 제목은《논리의 족보를 파는 책방》이야."

응? 수연이는 자신의 귀를 의심했다. 서현이와 똑같은 책을 보고 있다는 사실보다도, 영재교육원에서 선택한 교재를 스스로 골랐다는 사실이 더욱 신기했다. 수연이는 갑자기 기분이 좋아졌다.

'헤~, 어쩌면 나도 영재일지 모르겠네. 서현이는 일주일에 하루만 논

리를 공부한다고 했으니까, 내가 매일매일 공부를 하면 금방 서현이를 따라잡을 수 있겠지.'

책 제목은
《논리의 족보를 파는 책방》
이야….
굿!

수연이는 서현이와 자신을 비교하며 '네 까짓것' 정도로 취급했던 친구들과 엄마를 깜짝 놀라게 만들어 주리라 다짐했다.

그렇게 뜨거운 마음으로 책을 펼쳤는데, 곧 가슴이 아니라 머리가 뜨거워지는 걸 느꼈다. 명제 다음 순서로 진짜 논리처럼 보이는 내용이 등장했기 때문이다.

논리학의 기본은 명제에서 출발한다. 하지만 비판적 사고는 명제 자체보다는 '논증'에 대한 판단으로 이뤄진다. 논증은 '명제가 모인 것'이라고 표현할 수 있다. 물론 단순히 명제를 모아 놓은 것은 아니다. 명제들은 '전제'와 '결론'으로 나뉘어 구성되어 있기 때문이다. 예를 들어 보자.

모든 사람은 착하다.

갑돌이는 사람이다.

그러므로 갑돌이는 착하다.

여기에서 '모든 사람은 착하다.'와 '갑돌이는 사람이다'는 '갑돌이는 착하다.'라는 결론을 내리기 위한 근거, 즉 '전제'라고 한다. 이처럼 전제는 하나 이상의 명제로 이뤄질 수 있다. 또한 '결론'은 주장을 나타내는 문장으로, 그 앞에 조건문이 오거나 접속사가 붙는다.

여기서 주의할 점이 있다. 전제는 결론을 내리기 위해 근거로 제시된 주장이다. 결론도 논증을 펴는 사람의 주장이다. 그러므로 전제와 결론은 모두 주장이어야 한다. 만약 의문문이나 감탄문, 명령문 등이 들어가면 논증이라고 볼 수 없다.

수연이는 '논증=전제+결론'이라는 수식과 그에 대한 설명을 읽고 나서 다음과 같이 요약했다.

논증=전제(근거)+결론(주장)

수연이는 방금 정리한 내용을 들여다보면서 자신이야말로 영재라는 생각이 들었다. 논증을 전제와 근거로 나누는 것은 그리 어렵지 않았다. 결론이 나오기 전에는 '그러므로', '따라서', '~때문에', '~라면' 등의 말이 꼭 들어가기 때문이다.

연습 문제에 그런 말이 나오면 그 앞의 문장은 전제, 뒤의 문장은 결론으로 나누었다. 그랬더니 전부 맞았다. 한결 자신감이 붙은 수연이는 진도를 쭉쭉 나갔다.

엄마친구아들의 탄생

빅 뉴스!
너희 엄마랑 울 엄마, 친구 먹기로 했단다.
…
…
왠지 피곤해질 것 같아….
① 너희 엄마와 우리 엄마는 친구다.
② 나는 우리 엄마의 아들이다.
엄마, 돈 줘.
엄마가 ATM 이야?
③ 그러므로 나는 너희 엄마 친구의 아들이다.
규상아, 오늘 시험 잘 봤니?
이 자식, 말도 안 하던데?
…
고로
너에게 나는 엄친아라는 사실.
내가 원한 건 아니지만
…

논증은 '타당한 논증'과 '타당하지 않은 논증'으로 나눌 수 있다. 타당한 논증이란 전제가 참일 때 결론도 반드시 참인 논증이다. 타당하지 않은 논증이란 전제가 참이 아니거나, 결론과 관계가 없으면서도 결론이 옳다고 우기는 논증이다.

논증의 대표적인 사례인 '삼단 논법'을 통해 타당한 논증의 특징을 살펴보자.

모든 사람은 죽는다. (대전제)

소크라테스는 사람이다. (소전제)

그러므로 소크라테스는 죽는다. (결론)

대전제와 소전제 사이에 포함 관계가 명확하며, 전제가 참이다. 그리고 결론과의 관계도 명확해서 타당한 논증이라고 할 수 있다.

이에 비해 타당하지 않은 논증의 예는 다음과 같다.

모든 사람은 아름답다. (대전제)

소크라테스는 착하다. (소전제)

그러므로 소크라테스는 죽는다. (결론)

위의 논증을 보면 전제들 사이에 연결점이 없으며, 결론과 필연적인 관계도 없다. 아름다운 것과 착한 것, 그리고 죽는 것 사이에 아무런 관계가 없기 때문이다. 그야말로 앞뒤가 맞지 않는 주장, 즉 타당하지 않은 논증이다.

그렇다면 왜 타당한 논증을 해야 할까? 논리학은 타당한 논증을 통해 올바른 선택을 하고, 다른 사람을 설득하는 '말을 다루는 학문'이기 때문이다.

수연이는 논리학이 수학과 비슷할 거라고 생각했는데, '말을 다루는 학문'이라는 말을 들으니 국어와 가까운 학문이라는 생각이 들었다.

연습 문제는 생각보다 쉽게 풀었다. 그런데 마지막 연습 문제의 답은 정말로 의외였다.

※다음 논증의 결론이 참인지 거짓인지 판단해 보시오.

모든 사람은 착하다.

히틀러는 사람이다.

그러므로 히틀러는 착한 사람이다.

히틀러가 착한 사람이라니! 절대로 참일 리가 없었다. 수연이는 거짓이라는 답을 골랐다. 그러나 답과 해설은 수연이의 생각과 전혀 달랐다.

히틀러에 대한 결론은 참이다. 만약 이해가 되지 않는다면 히틀러에 대한 논증과 소크라테스에 대한 논증을 비교해 보자.

모든 사람은 죽는다.

소크라테스는 사람이다.

그러므로 소크라테스는 죽는다.

내가 착하다는 결론이 참이라고? 아주 훌륭해~!
좋겠다. 인마! 난 죽는단다.
소크라테스

수연이가 두 논증을 비교해 보니 '죽는다'라는 말 대신에 '착하다'라는 단어가, '소크라테스'라는 이름 대신에 '히틀러'라는 이름이 들어갔을 뿐, 논리를 펼치는 방법은 똑같았다. 즉, 대전제-소전제-결론으로 이루어지는 삼단 논법이 동일했던 것이다.

그런데 왜 소크라테스의 경우에는 타당한 논증이라고 생각하고, 히틀러의 경우에는 타당하지 않은 논증이라고 생각하게 된 것일까?

다시 자세히 살펴보니, 히틀러에 대한 논증 과정은 자못 타당해 보였다. 전제에서 '모든 사람'에 히틀러가 포함되어 있는 것도 별문제가 없었다. 히틀러가 사람이라는 건 틀림없는 사실이니까. 논리 전개 과정에서 딱히 문제가 생기지 않았기 때문에 '히틀러는 착하다.'는 결론도 참이 될 수밖에 없었다.

그런데 '모든 사람은 착하다.'라는 전제는 참일까? 만약 전제가 참이 아니라면, 그것을 바탕으로 나온 결론도 참이 될 수 없는 것 아닐까?

수연이는 책의 다음 부분을 찾아서 읽어 보았다.

결론이 그럴듯하다고 받아들이거나, 결론이 마음에 들지 않는다고 무조건 거부하는 것은 비판적 사고가 아니다. 토론을 할 때에는 상대방의 논리 전개 과정에 문제가 있는지도 살펴봐야 하지만, 과정에 문제가 없다 하더라도 최선의 선택을 하기 위해 끝까지 비판적 사고를 해야 한다.

위 예시의 경우, 과정에는 문제가 없지만 '모든 사람은 착하다'라는 전제에 대해 비판적 사고를 해 보아야 한다.

수연이는 논리학이 그저 삼단 논법을 사용하는 공식과 같은 것이 아니라, 세상 사람들이 각기 주장하는 다양한 사례에 대해 참과 거짓을 판별할 수 있는 도구라는 느낌이 들었다.

논증에 대한 내용 마지막에 토막글이 하나 있었다. 자투리 정보 정도로 생각하면서 대수롭지 않게 읽던 수연이는 깜짝 놀라서 몸을 벌떡 일으켰다.

우리 생활 속에는 비판적으로 생각해야 할 문제가 많다. 가족이나 친구가 하는 말뿐만 아니라, 텔레비전과 인터넷에 자주 등장하는 광고까지, 겉으로 드러난 말만 믿거나 분위기에 마음을 빼앗기면 본의 아니게 속을 수 있다.

만약 친구가 잘못을 저지르고 나서 "네가 기분 나빴다면 미안해."라고 이야기하는 경우가 있다고 치자. 이 경우에 친구가 사과를 했다고 볼 수 있을까?

일단 전제를 잘 살펴보자.

'내가 네 마음을 상하게 했기 때문에'도 아니고, '내가 정말 잘못했으니'도 아니다. '네가 기분이 나빴다면'일 뿐이다. 이 말은 당신이 화가 났다는 사실만 나타낼 뿐, 사과의 의미를 담고 있지 않다. 내가 기분이 나빴다면 언제 어디서나 항상 미안하다는 뜻일까? 다른 친구 때문에 화가 났더라도?

'네가 기분 나빴다면'이라는 말 대신 '네가 사람이라면'이라는 말을 넣어 보자. 이 전제 역시 참이다. 하지만 결론과의 관계가 불명확하다는 점은 여전히 똑같다. 만약 친구가 진심으로 사과하려는 마음을 갖고 있었다면, "내가 네 마음을 상하게 해서 미안해."라고 말했을 것이다. 그렇게 미안하다는 결론과 분명한 관계를 밝히지 않았을까?

분한 마음에 '미안해.'라는 말만 듣고 덥석 '그럼, 그렇지.'라며 무작정 반가워할 일이 아니다. 상대방은 또 한 번 놀리는 것일 수도 있으니까!

비판적 사고는 이렇듯 철학자가 아닌 일반인에게도, 정치와 관련된 큰 주제에서부터 친구 관계와 같은 일상생활 문제에 이르기까지 올바른 판단을 하는 데 꼭 필요한, '생각하는 기술'이다.

수연이는 토막글에 있는 내용을 보며 자신의 경험과 비교해 보았다. 그제야 소민이는 진심으로 사과를 한 게 아니라는 생각이 들었다. "내가 변태라고 놀리는 바람에 네 마음을 상하게 해서 미안해."라고 해야 진정한 사과라고 할 수 있는 것이다.

하지만 소민이의 말 속에는 자신이 한 행동이 쏙 빠져 있었다. '미안해'라는 결론과 관련이 있는 원인은 모조리 빼고, 그저 수연이가 기분 나빠했다는 결과만을 가지고 미안하다고 하는 것은 사과라고 할 수 없었다.

결국 소민이에게서 제대로 사과를 받지 못했다는 생각에 수연이는 기분이 확 나빠졌다. 게다가 서현이는 그 자리에서 이미 소민이의 거짓된 사과를 정확하게 파악하고 있었던 게 아닌가. 생각하면 생각할수록 속이 부글부글 끓어올랐다. 그것도 모르고 그 앞에서 히죽거리고 있었으니, 얼마나 바보같이 보였을지 생각만 해도 창피해서 미칠 지경이었다.

수연이는 화풀이로 벽을 마구 걷어찼다.

'차라리 아예 몰랐더라면 더 좋았을까?'

소민이는 사과한 게 아니었어!
후후…, 들켜 버렸군.

음, 정말로 더 좋았을까? 사실을 몰랐더라면 소민이에게 한 번 더 놀림을 당하는 셈인데? 그것 역시 마음이 편치 않기는 마찬가지였다.

그날 밤 수연이는 소민이의 거짓 사과를 바로 알아채지 못한 걸 후회하느라 쉽게 잠을 이루지 못했다. 그러다 겨우 잠든 후에는 꿈속에서 소민이와 심하게 다투느라 밤새 잠을 설쳤다.

다음 날 아침, 수연이는 푸석푸석한 얼굴로 밥도 먹는 둥 마는 둥 하고 학교로 향했다.

04

그래서 결론이 뭔데?

연역법과 귀납법

수연이는 쉬는 시간이 되자마자 소민이 자리로 가서 다짜고짜 이렇게 물었다.

"너, 지난번에 나한테 변태라고 했던 거……. 진심으로 사과한 거 맞지? 그렇지?"

"너, 머리가 어떻게 된 거 아니니? 선생님 앞에서 분명히 미안하다고 그랬잖아. 변태가 아니라 바보네, 바보!"

소민이는 여전히 얄밉게 조잘댔다. 사과했다고는 하지만 전혀 미안해하는 것 같아 보이지 않았다. 게다가 소민이는 지난번에 했던 말을 다시 반복했다.

"이제 보니, 너 변태에다 바보이기까지 한 거야?"

"야, 김소민! 내가 왜 변태라는 거야?"

이러다가 지난번과 똑같은 일이 반복될 참이었다. 수연이는 감정을 억누르려 노력하면서, 어젯밤에 잠들기 전에 고민한 이야기를 꺼냈다.

"여자만 예쁜 걸 좋아하는 건 아니야. 남자들 중에서도 예쁜 걸 좋아하는 사람이 많다고. 예쁜 걸 좋아하는 게 뭐가 이상해? 네 말대로라면 예쁜 물건을 만드는 남자 디자이너는 전부 변태라는 거야? 네가 변태라고 부르는 기준이 뭔데? 그렇게 말하는 논리가 있긴 한 거야?"

소민이가 움찔하는 게 수연이에게도 느껴졌다. 수연이가 지난번처럼 '변태'라는 말을 취소하라며 막무가내로 화만 내고 있는 게 아니었기 때문이다. 어젯밤에 머릿속으로 정리해 둔 생각은 자못 놀라운 효과를 발휘했다. 비록 잠을 설쳐서 얼굴이 땡땡 붓긴 했지만 말이다.

수연이는 신이 나서 쐐기를 박았다.

"네 말의 논리를 너도 모르나 보네? 내가 정리해 줄까? '남자는 예쁜 것을 좋아하지 않는다. 변태만 예쁜 것을 좋아한다. 그러므로 예쁜 것을 좋아하는 남자는 변태다.' 이게 네 논리잖아."

옆에서 싸움을 구경하던 규상이가 놀란 눈으로 수연이를 쳐다보았다. 수연이는 으쓱한 마음에 목소리에 힘을 주었다.

"남자가 예쁜 물건을 좋아하면 변태고, 운동을 좋아하면 정상인 거야? 난 축구도 잘하거든. 지난 체육대회 때 반 대표로 뽑힌 거 너도 봤지? 그럼 나는 변태이면서 정상인 거야? 말이 안 되잖아."

"넌 그냥 생긴 게 변태야."

소민이는 모든 게 귀찮다는 듯이 시무룩한 얼굴로 말했다. 수연이는 화가 머리끝까지 치솟았지만 이럴수록 침착해야 한다고 생각하며 마음을 다잡았다. 예전에 다툴 때에도 먼저 흥분하는 바람에 자신만 꼴사나워졌던 상황을 똑똑히 기억하고 있었기 때문이다.

"그런 말이 어디 있냐? 지난번에는 인형 좋아한다고 변태라더니, 지금은 그냥 생긴 게 변태라고? 그럼 나도 너를 그냥 생각나는 대로 변태라 불러도 되겠네? 좋아, 앞으로 너를 '레알 울트라 킹왕짱 변태'라고 부를게."

드디어 소민이가 씩씩대기 시작했다. 수연이가 승리에 도취되어 있는 사이, 둘이 말다툼하는 소리를 가만히 듣고 있던 서현이가 끼어들었다.

"이제 그만해. 선생님 오실 시간 다 됐어. 이번에도 싸우다가 걸리면, 상담실로 불려갈 수도 있어."

내가 논리로
소민이를
제압했어!
논리

"네가 뭔데 이래라저래라야?"

그 말이 틀린 건 아니지만, 서현이에게는 괜스레 억하심정이 느껴져서 좋은 말이 나오지 않았다. 서현이가 조심스럽게 다시 입을 뗐다.

"나도 하고 싶어서 하는 말이 아니라…… 학급 회장으로서 부탁하는 거야."

사실 수연이는 서현이가 당연한 듯이 학급 회장으로 뽑힌 것부터 마음에 들지 않았다. 물론 그게 서현이 잘못은 아니지만.

수연이는 팔짱을 끼며 한풀 꺾인 목소리로 말했다.

"그래도 이래라저래라하지 마. 아직 쉬는 시간이라고."

"알아, 그래서 부탁하는 거잖아. 선생님께서 화나시면 우리도 좋을 게 없으니까."

선생님이 교실에 들어올 때까지 씩씩대던 소민이는 수업 시간이 끝나자마자 자리를 박차고 밖으로 나가 버렸다. 수연이는 자신이 이긴 것 같아 기분이 좋았다. 그때 규상이가 달려와 눈을 동그랗게 뜨고 말했다.

"야! 너, 생각보다 멋지던데? 말 몇 마디로 상대를 꼼짝 못 하게 만드는 게 꼭 법정 드라마에 나오는 변호사 같더라."

규상이는 수연이가 논리 공부에 열을 올리고 있다는 사실을 이미 까맣게 잊어버린 것 같았다. 그렇거나 말거나 수연이는 논리가 자신의 비밀 병기가 된 듯해서 기분이 찢어지게 좋았다. 게임으로 치자면 필살기 아이템을 얻은 셈이라고나 할까?

그날 오후, 수연이는 집에서 논리 책을 기분 좋게 펼쳤다.

"이게 웬일이래? 우리 수연이가 공부를 다 하고."

엄마가 반가움 반 의심 반이 섞인 듯한 목소리로 말했다. 수연이는 논리를 공부하고 있다는 사실을 엄마에게도 비밀로 하고 싶었다. 혹시라도 서현이에게 말이 흘러 들어갈까 봐 걱정스러워서였다. 엄마들끼리의 수다는 발 없는 말을 천 리씩 가게 만드는 법이니까.

아들~, 밥 먹어.
네?! 네…
화들짝!

숨겨 놓고 본다고 이상한 책이라고 생각하지 마….
…

"저 이제 중학생이에요. 공부는 스스로 하는 거지, 누가 시켜서 하는 게 아니잖아요. 음, 이런 걸 자기 주도 학습이라고 하더라고요."

엄마는 수학 교과서 아래에 숨겨 놓은 논리 책을 발견하지 못한 채 고개를 갸우뚱거리며 방에서 나갔다. 수연이는 논리 공부에 박차를 가했다. 오늘 소민이에게 멋지게 승리한 것처럼 서현이 역시 입도 뻥긋하지 못하게 만들어 주고 싶었다.

논리학의 법칙 중에서 가장 중요한 것이 '연역법'과 '귀납법'이다. 연역법은 보편적(일반적)인 원리를 바탕으로 구체적인 사례를 설명하는 방식이다. 연역법은 다음과 같은 논리에 따라 전개된다.

대전제 : 모든 사람은 죽는다.

소전제 : 소크라테스는 사람이다.

결론 : (그러므로) 소크라테스는 죽는다.

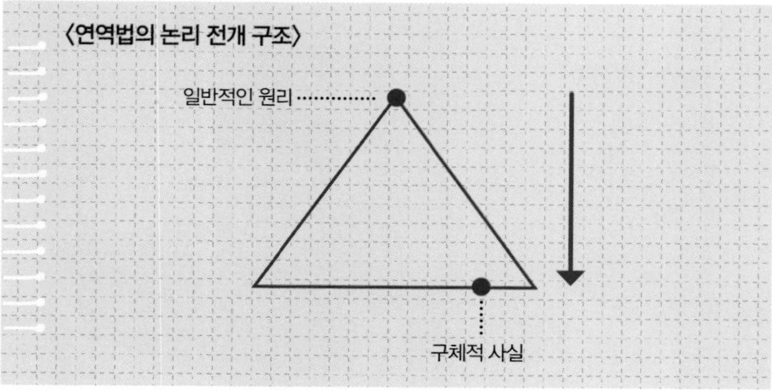

연역법은 주어진 명제 사이의 논리적 관계를 따지므로 참과 거짓을 판단하기에 편리하다는 장점이 있다. 하지만 이러한 장점은 곧 단점이 되기도 한다.

위의 예를 보자. 대전제와 소전제는 이미 잘 알려진 명제로 이루어져 있다. 그리고 전제를 거쳐서 나오는 결론도 전제와 어떤 논리적인 관계를 맺고 있는지 보여 줄 뿐이다. 이처럼 연역법은 관찰이나 실험을 통해 얻은 구체적인 사례가 아니라 일반적인 사실만으로 관계를 따지기 때문에, 자칫 의미 없는 결론을 내리게 되거나 새로운 지식을 얻기 어렵다는 한계가 있다.

전제에 문제가 있지만, 논증은 올바르다고 했던 '히틀러'의 경우를 다시 한 번 살펴보도록 하자.

대전제 : 모든 사람은 착하다.

소전제 : 히틀러는 사람이다.

결론 : (그러므로) 히틀러는 착하다.

대전제에서 '모든 사람은 착하다.'라고 선언했으므로, 이어지는 소전제에 어떤 사람이 와도 결론이 달라지지 않는다. 즉 '히틀러'를 넣거나 '간디'를 넣거나 '테레사 수녀'를 넣거나 '옆집 아저씨' 이름을 넣어도 결론은 바뀌지 않는다.

결국 연역법은 새로운 사실을 밝혀내기보다는 대전제를 다시 강조하는 것에 지나지 않는 셈이다. 그만큼 연역법에서는 대전제가 중요한 것이다.

하지만 사람은 전지전능한 신이 아니기 때문에 매번 완벽한 대전제를 만들 수는 없다. 간디나 테레사 수녀를 떠올리며 '모든 사람은 착하다.'라는 대전제를 만들었다 하더라도, 히틀러처럼 틀린 사례가 하나라도 들어 있다면 '모든' 이라는 말을 쓸 수 없다.

'모든' 이라는 말을 쓰지 않으면 어떨까? 여기서 '모든' 대신에 '어떤 경우에는' 이라고 쓴다면 더 이상 연역법으로 볼 수 없다. 연역법은 전체 법칙을 먼저 제시하고 나서, 그 법칙에 해당하는 구체적인 사례를 다루는 논리이기 때문이다.

수연이는 연역법을 잘못 쓰면 스스로 큰 함정에 빠질 수 있겠다는 생각이 들었다. 소민이 역시 연역법을 잘못 쓴 게 아닌가 싶었다. '모든 남자는 예쁜 것을 좋아하지 않는다.'라는 대전제가 이미 거짓이어서 연역법으로 올바른 결론을 낼 수 없었던 것이다.

"정말 누구나 인정하는 확실한 법칙이 아니고서는 섣불리 연역법을 쓰면 안 되겠네."

수연이는 혼잣말을 하고서 다음 내용으로 넘어갔다.

귀납법은 연역법과 반대로 구체적인 사례에서 시작해 보편적인 원리를 설명하는 방식이다. 귀납법은 근대 철학자인 프랜시스 베이컨이 말했듯이, '많은 사실로부터 공통적인 부분을 찾아서 법칙을 만들어 내는 방법'이다.

귀납법은 다음과 같은 논리를 따라 전개된다.

대전제 : 소크라테스는 죽는다. 히틀러도 죽는다. 간디도 죽는다.

소전제 : 소크라테스와 히틀러와 간디는 사람이다.

결론 : (그러므로) 모든 사람은 죽는다.

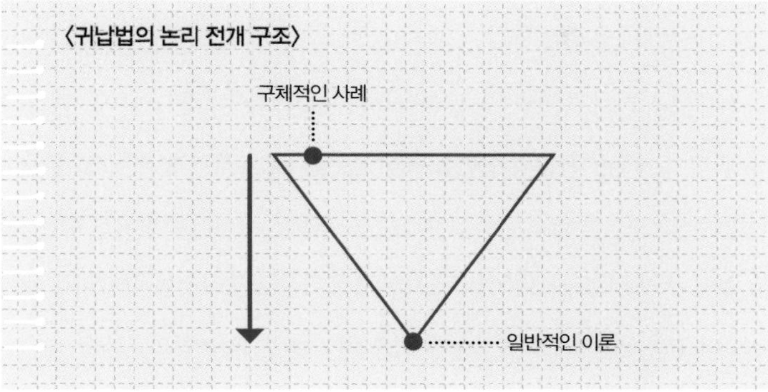

연역법과 달리, 귀납법은 대전제가 여러 가지 사례로 구성되어 있다. 귀납법은 연역법의 삼단 논법처럼 깔끔한 형태로 표현하기 어렵다. 왜냐하면 무수히 많은 각각의 사례를 하나하나 정확하게 관찰하고 조사한 뒤, 그 결과를 바탕으로 일반적인 명제를 이끌어 내야 하기 때문이다.

귀납법은 추상적인 생각이 아닌 관찰과 실험으로 얻을 수 있는 구체적 사례에서 출발하기 때문에, 참과 거짓을 누구나 쉽게 확인할 수 있다는 장점이 있다.

귀납법을 단순히 연역법과 생각하는 순서가 반대인 논리라고만 여기기에는 아쉬움이 남는다. 현대 과학을 만든 '생각'이 바로 귀납법에서 출발했다는 자못 거대한 의미를 갖고 있기 때문이다.

과학이라는 말에 눈이 번쩍 뜨였다. 수연이는 최근 들어 SF 만화와 애니메이션을 자주 보면서 과학에 관심이 부쩍 많아졌다. 그런데 과학이 곧 논리라니! 그러면 논리적인 사람은 과학도 잘할 수 있나?

수연이는 얼른 다음 장으로 넘어갔다.

과학은 신화나 종교와 달리, '상상'이나 '신념'이 아니라 '사실'에 바탕을 두고 있다. 과학적 사실은 관찰과 실험을 통해 얻는다. 즉 우리가 볼 수 있고, 들을 수 있고, 만질 수 있는 것 등 쉽게 경험할 수 있는 구체적인 사실을 바탕으로 하는 것이다.

이때 누가 경험하느냐에 따라 사실이 달라진다면 그것은 과학이라 할 수 없다. 누구나 같은 경험을 할 수 있는 '객관적인 사실'만이 과학적 지식인 셈이다. 냄비 뚜껑을 닫고 물을 끓이면, 누가 끓이든 간에 일정 시간이 지난 후에 냄비 뚜껑이 들썩이게 된다. 이걸 보고 누구는 증기의 힘을 떠올리고, 누구는 맛있는 라면을 떠올리긴 하겠지만 말이다.

그러면 객관적인 사실을 어떻게 골라낼까? 이때 사용하는 장치가 바로 귀납법이다. 만약 A라는 현상을 다양한 상황에서 수많은 사람들이 관찰할 수 있다고 치자. 그런데 관찰 결과 모든 A가 예외 없이 B라는 성질을 가지고 있다면, '모든 A는 B라는 성질을 가지고 있다.'라는 원리를 세울 수 있다. 이렇게 객관적이며 보편적인 원리를 결론으로 이끌어 내는 방법이 바로 귀납법이다. 귀납법은 과학 연구의 바탕이 되었으며, 현대 과학과 인류 문명의 발전에 큰 도움을 주었다.

예를 하나 들어 보자. 어떤 물건이든 머리 위로 던졌을 때 다시 땅으로 떨어지는 현상을 연구하는 사람이 있다고 하자. 그 사람이 만약 신화를 좋아한다면 다음과 같이 설명할지도 모른다.

"세상을 만든 신은 자신이 애써 창조한 것들이 모두 날아가 버리지 않도록 막고 싶었다. 그래서 모든 물체를 눈에 보이지 않는 끈으로 묶어 땅과 연결했다. 어떤 물건을 힘껏 위로 던져도 다시 땅으로 떨어지는 이유는, 신이 묶어 놓은 끈이 고무줄처럼 늘어났다가 제자리로 돌아오기 때문이다."

수연이는 중력을 신화적으로 풀이한 설명을 읽으며 나름대로 편리한 방법이라는 생각이 들었다.

냄비 뚜껑을 움직일 만큼 증기의 힘은 대단하군…
토마스 뉴커먼 (대장간의 직공)
달그락 달그락…
증기기관 완성!
물 끓는다. ㅎㅎ

'굳이 복잡하게 증명할 필요가 없잖아. 그냥 '원래 그런 걸, 뭐~.'라고 해도 되는 거 아닌가?'

하지만 뚱한 표정을 짓던 수연이의 머릿속을 스치는 말이 있었다. 어떤 경우든지 비판적으로 생각해야 사고력이 커진다는……. 책에서 흘낏 봤던 말이었다. 수연이는 머리를 쥐어짜며 비슷한 예를 찾다가, 문득 소민이가 했던 말을 떠올렸다.

"넌 그냥 생긴 게 변태야."

이 말을 떠올리자마자 다시 부아가 치밀었다. 그런데 왜 하필 지금 이 말이 떠올랐지? 수연이는 곰곰이 생각에 잠겼다.

물체는 그냥 신의 의지로 떨어진다.

수연이는 방금 귀납법을 익히며 떠올린 '원래 그래~.'라는 생각이 소민이의 사고방식과 비슷하다는 걸 불현듯 깨달았다.

'논리 공부가 고수의 경지에 이르려면 아직 멀었구나. 정말 책에 나와 있는 것처럼 생각의 벽을 한 번 깨뜨렸다고 완전히 없어지는 건 아닌가 보다.'

수연이는 더욱 진지한 자세로 책을 읽었다.

만약 귀납법을 바탕으로 물건이 위에서 아래로 떨어지는 현상에 대해 연구하려는 사람이 있다면 어떻게 했을까? 아마도 다양한 조건에서 여러 가지 물건을

신께서 모든 물체를
보이지 않는
줄로 연결하셨던 거야!
물체 사이에
서로 끌어당기는
힘이 있어!

떨어뜨린 뒤 사례를 모아 정리할 것이다.

먼저 높은 산에 오르거나, 지붕 위에 올라가서 공을 비롯한 여러 가지 물건을 떨어뜨려 보겠지? 또 공의 색깔을 다르게 칠해 보기도 하고, 가벼운 숟가락에서 무거운 식탁까지 무게가 서로 다른 물건을 차례로 떨어뜨리면서 변화를 꼼꼼히 관찰할 것이다. 그리고 실험을 마친 뒤에는 이렇게 설명하지 않을까?

"나는 무수히 많은 물체를 떨어뜨리며 움직임을 관찰하고 실험했다. 그런데 단 한 번도 예외는 없었다. 그러므로 '지구상의 모든 물체는 결국 땅으로 떨어진다.' 라는 결론을 내렸다. 아마도 지구에 물체를 땅으로 끌어당기는 힘이 있는 것으로 추측된다."

이렇게 관찰과 실험으로 원리를 탐구하는 사람을 '과학자'라고 부른다. 과학자였던 갈릴레오 갈릴레이는 피사의 사탑에서 공을 떨어뜨렸다. 그리고 물체를 위에서 아래로 떨어뜨리는 힘이 '중력'이라는 사실을 확인했다. 중력은 나중에 뉴턴이 사과로 실험할 때도 관찰되었다. 누가 실험을 하느냐에 따라 결과가 달라지지 않는 객관적인 사실, 이것이 바로 귀납법으로 증명된 과학적 지식이다.

수연이는 귀납법이야말로 최고의 논리 법칙이라는 생각이 들었다. 그런데 마지막에 나온 토막글을 보고 머릿속이 뒤죽박죽이 되고 말았다. 책을 읽으면 읽을수록 논리는 공부가 아니라, 엎치락뒤치락하는 게임 같은 느낌이 들었다. 한순간도 마음을 놓을 수 없다고나 할까?

귀납법은 앞서 말한 장점에도 불구하고 많은 비판을 받고 있다. 우선 가장 큰 단점은 실제로 관찰된 사례를 바탕으로 만들어진다는 점이다. 실제로 관찰된 사례가 왜 문제일까? 관찰 자체가 참이 아닌 경우가 종종 발생하기 때문이다.

즉, 아주 많은 사례를 관찰해서 'A의 경우 B가 일어난다.'라는 이론을 세웠더라도, 아주 드물게 일어나는 결과인 C를 보지 못했다면 올바른 이론이 될 수 없다.

예를 들어, 어떤 섬에 있는 사람이 10년 동안 비둘기를 관찰했다고 치자. 그 사람이 관찰한 2만 마리의 비둘기는 모두 회색이었다. 그래서 '모든 비둘기는 회색이다.'라는 이론을 세웠는데, 얼마 뒤 육지에 갔다가 깜짝 놀랄 만한 상황에 맞닥뜨렸다. 세상에, 하얀색 비둘기가 공원에서 바지런히 모이를 쪼고 있는 게 아닌가? 10년 동안 관찰하고 연구해서 세운 이론이 순식간에 뒤집어진 셈이다.

뿐만 아니라 사람이 하는 '관찰'이라는 행동에는 약점이 많다. 같은 사람이 똑같은 사물을 본다고 해도, 언제 어디에서 보느냐에 따라 결과가 달라지기도 한다. 예를 들어 새벽에 비둘기를 관찰했다면 하얀 비둘기가 회색으로 보일 수도 있다. 혹은 공원에 깔린 모래 색깔 때문에 회색 비둘기가 더 하얗게 보일 수도 있다.

이처럼 사람의 오감(시각, 청각, 촉각, 미각, 후각)은 수없이 많은 실수를 저지른다. 그래서 오감으로 관찰해서 얻은 우리의 '생각'이 왜곡을 불러오기도 한다. 물론 고의라고 볼 수는 없지만, 약점인 것만은 분명하다.

다음 그림에서 우리는 있지도 않은 삼각형을 볼 수 있다. 객관적인 사실은 한 조각 잘려 나간 원이 세 개 있다는 것뿐인데 말이다.

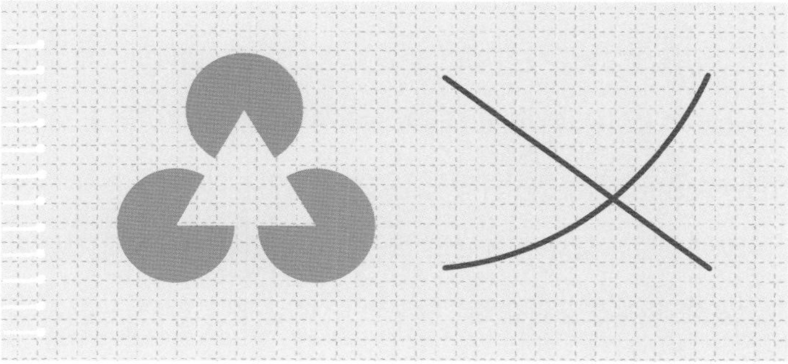

그 옆의 그림은 연속된 두 개의 선이 서로 교차하고 있는 것처럼 보인다. 꼭짓점을 중심으로 좌·우 두 개의 꺾인 선분이 맞붙어 있다거나, 그림 가운데를 중심으로 각각 다른 네 개의 선이 붙어 있다고 느끼는 경우는 드물다. 두 개의 선이 교차했다는 확실한 증거가 딱히 없는데도 말이다.

이처럼 왜곡은 매우 자연스럽게 이루어진다. 인간이 경험할 수 있는 감각 능력에는 제약이 있기 때문에, 직접 실험을 한다고 해도 자기도 모르는 사이에 상황을 왜곡하기 일쑤다.

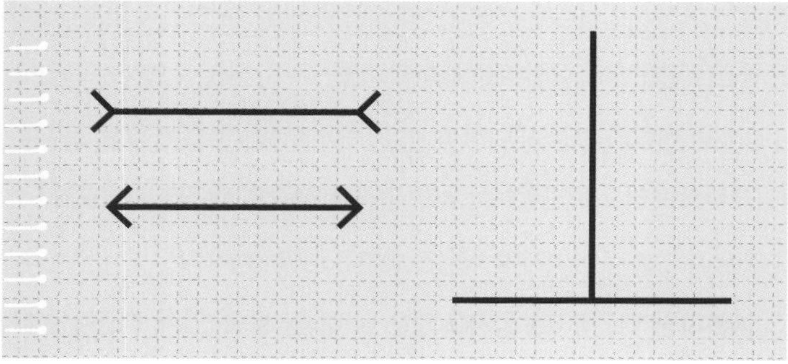

이번에는 위 그림을 살펴보자.

이미 답을 알고 있는 친구들도 많을 것이다. 하지만 볼 때마다 두 그림에 나와 있는 선분의 길이는 똑같다는 사실에 놀라게 된다. 선분의 양쪽 끝 모양 혹은 수직이냐 수평이냐 하는 위치로 인해 두 선분의 길이가 다르게 느껴지기 때문이다.

이처럼 간단한 착시 사례에서도 확인할 수 있듯이, 관찰 등 감각을 이용하는 귀납법에는 한계가 있다. 아무리 논리적인 전개를 했다고 해도 관찰 자체가 참이 아니라면, 결론 자체도 참이 아닐 수밖에 없다.

수연이는 솔직히 좀 화가 났다.

"그렇다면 믿을 수 있는 논리 법칙은 하나도 없는 거야? 무슨 이런 책이 다 있어?"

며칠 전에 규상이에게 했던 말을 다시 내뱉고야 말았다. 책 읽는 게 마치 놀이 공원의 기구를 타는 기분이었다. 어떤 때는 논리로 머리가 시원해졌다가, 어떤 때는 오히려 가슴이 답답해졌다가.

네 가지 우상
아는 것이 힘이다.
내 명언이야…
근대 사상의 아버지 프랜시스 베이컨은
귀납법으로 잘못된 결론을 내리는 것을 막기 위해서
네 가지의 편견과 선입견을 극복해야 한다고 했어요.
그걸 '네 가지 우상'이라고 해요.
1. 동굴의 우상
하늘은 네모다.
우물 안 개구리처럼 자신의 한정된 경험을 바탕으로 결론을 내는 것.
2. 종족의 우상
인간이라는 종족의 특성만을 생각하고 다른 종족도 마찬가지일 거라는 생각.
공기가 없어서 생물이 살 수 없다.
나는 사는데?
3. 시장의 우상
떠도는 이야기를 사실로 믿는 것.
루머
선풍기 틀고 자면 죽는다.
조심해야지.
4. 극장의 우상
전문가·권위자의 말을 무조건 믿는 것.
김정은 정권은 반드시 무너집니다.
내 생각도 같아.

다음 내용을 귀납법으로 증명한다고 생각해 보자.

모든 새는 날개가 있다.

위의 문장은 직접 실험 및 관찰, 조사 등을 통해 확인할 수 있다. 미련하지만, 수많은 새를 다 잡아서 날개가 있는지 없는지 확인해 볼 수도 있을 것이다. 물론 그보다는 '날개가 없는 새 한 마리를 찾아내는 것'이 훨씬 더 효율적이다. 이런 방법으로도 참인지 거짓인지 충분히 증명할 수 있으니까.

어느 쪽이 더 증명하기 쉽냐고? 날개가 없는 새 한 마리를 찾는 쪽이다. 결론을 뒤집을 수 있는 결정적인 사례를 찾기 위해 노력하면, 오감으로 관찰하면서 생길 수 있는 오류를 줄일 수 있기 때문이다.

귀납법의 효율적인 사용은 법정을 상상하면 더 쉽게 이해할 수 있다. 여러분이

연역법이든 귀납법이든
네가 공부를 못한다는
사실은 바뀌지 않아!

재판관이 되어 어떤 사람이 범죄를 저질렀는지 아닌지 판단해야 한다고 상상해 보자. 가장 효율적인 방법은 무엇일까?

영화나 소설에서 많이 보았듯이, 바로 '알리바이'를 밝히는 방법이다. 즉, 피고인에게 현장에 있지 않았음을 스스로 증명하게 만드는 것이다. 피고인이 범죄자라는 수많은 증거를 모은다 하더라도 확실한 알리바이 하나에 무너질 수 있다.

과학적 판단도 마찬가지다. 증명하고자 하는 바와 반대되는 사례를 찾기 위해 노력할수록 더 좋은 과학 이론이 탄생할 수 있다. 과학자는 '당연히 그럴 것이다.'라고 믿는 현상을 뒤집는 사례를 발견함으로써 더 좋은 이론을 얻는 것이다.

연습 문제는 '마지막 글의 내용에 대해 비판적 토론을 해 보시오.'였다. 이 책을 쓴 사람은 자신이 쓴 내용에 대해서도 비판적으로 생각할 것을 강조하는 모양이었다.

수연이는 토론할 사람이 없는 관계로 가상 대화를 시도해 보았다. 하지만 혼자서 역할을 바꿔 가며 이야기하려니 영 어색했다. 그래서 해설을 슬쩍 봤더니 '뉴턴의 과학 이론을 뒤엎은 아인슈타인을 생각해 보시오.'라고 나와 있었다.

수연이도 두 사람이 유명한 과학자라는 사실은 알고 있었지만, 그들의 이론이 어떻게 다른지는 잘 알지 못했다. 인터넷으로 검색해 볼까 하다가 공부를 너무 많이 한 것 같다는 생각에 그냥 잠자리에 들었다.

05

먹을 걸 고를 때도 논리가 필요하다고?

"야, 오늘 학교 끝나고 너네 집에 놀러 가도 되냐?"

염불에는 관심 없고 잿밥에만 관심 있다더니, 규상이는 이번 주에도 게임할 생각만 가득했다. 수연이는 전에 없이 망설여졌다. 혼자 토론하는 것도 꺼림칙하지만, 그렇다고 규상이와 토론한다고 해서 마음이 편해질 것 같지도 않았다.

"안 돼, 오늘 우리 엄마 모임 있어."

"난 괜찮아. 상관없어."

수연이는 규상이의 무개념적인 반응에 당황스러움을 감추지 못했다.

"네가 아니라 우리 엄마가 상관있다고. 모임 있을 때 친구 데리고 오는 거 싫어하신단 말이야."

"왜? 어차피 우리는 네 방에서 놀 건데. 이상하네? 우리 엄마는 전혀 신경 안 쓰시던데."

"너, 지금 우리 엄마가 이상하다는 거야?"

수연이의 목소리가 커졌다. 어설픈 핑계를 대다가 벌어진 일이긴 했지만, 엄마가 자신의 거짓말 때문에 이상한 사람으로 취급당하는 건 싫었다.

다행스럽게도 규상이는 바로 꼬리를 내렸다.

"그런 뜻은 아니었어. 내 말 때문에 기분이 상했다면 미안해."

수연이는 '네 기분이 나빴다면'이라고 애매하게 말한 소민이와 달리, 규상이가 분명하게 자기 책임을 밝히며 사과를 하자 기분이 한결 나아졌다. 수연이는 규상이의 사과를 흔쾌히 받아들였다.

그때 담임 선생님이 동아리 활동에 대한 안내장을 나눠 주었다. 여러 가지 활동이 있었는데, 수연이는 '독서논술반'에 자꾸 눈길이 갔다. 이름에서부터 논리와 매우 가까워 보였기 때문이다.

일주일 뒤, 동아리 활동이 시작되었다. 담당 선생님은 대학생같이 젊어 보이는 남자 선생님이었다.

"난 보리 선생님이야. 여러분과 독서논술반에서 함께 활동하게 되어서 무척 기뻐. 대학에서는 국어를 전공했고, 지금은 2학년 국어 수업을 맡고 있어. 우리 동아리에서는 논술과 논리에 대한 프로그램을 진행할 예정이야. 선생님이나 동아리 활동에 대해서 궁금한 점이 있는 사람은 언제든지 질문해도 좋아."

"보리가 선생님 이름이에요?"

누군가 이렇게 묻자, 보리 선생님은 기분 좋게 웃으며 말했다.

"아니, 진짜 이름은 따로 있지. 너희가 나를 '보리 선생님'으로 불러 줬으면 좋겠다 싶어서……. 독서논술 동아리 시간에 쓰는 '아이디' 정도로 해 두자."

보리 선생님은 특이한 문양이 그려진 셔츠를 입고 있었다. 셔츠 단추가 세 개나 풀려 있어서, 목에 맨 체크무늬 스카프가 가슴까지 내려와 있는 게 훤히 들여다보였다.

'스카프 예쁘네.'

수연이는 저도 모르게 스카프에 눈이 자꾸 갔다. 다른 아이들은 남자가 스카프를 둘렀다고 수군거렸지만, 수연이는 선생님의 튀는 모습이 은근히 마음에 들었다. 어쩌면 예쁜 물건을 좋아하는, 같은(?) 취미를 가졌을지도 모른다는 생각이 들어서였다.

보리 선생님은 '논술이란, 글을 논리적으로 쓰는 방법'이라며 당분간 논리 훈련을 하겠다고 말했다. 다행스럽게도 수연이가 희망했던 내용이었다! 게다가 논리 훈련을 하면 비판적 사고를 기를 수 있고, 비판적 사고를 하면 글도 잘 쓰게 된다는 선생님의 말씀이 마음에 쏙 들었다.

보리 선생님은《이상한 나라의 앨리스》의 한 부분을 읽어 주었다. 주인공인 앨리스가 토끼를 따라 굴에 빠진 다음에 정원으로 들어가는 대목이었다.

앨리스는 문을 열었다. 문 뒤에는 쥐구멍만큼이나 작은 통로가 있었다. 앨리스는 무릎을 꿇고 엎드려 통로 안을 들여다보았다. 지금껏 보지 못한 아름다운 정원이 펼쳐져 있었다. 앨리스는 당장이라도 그 안으로 들어가 맘껏 뛰어놀고 싶었지만, 머리조차 구멍 안으로 집어넣을 수가 없었다.

"하긴 머리만 집어넣으면 무슨 소용이 있어? 어깨가 빠져나가지 못할 텐데. 내 몸을 조그맣게 줄일 수 있다면 얼마나 좋을까! 방법만 안다면 가능할 것 같은데."

앨리스는 사람의 크기를 줄이는 방법이 적힌 책이 있기를 바라며 다시 유리 탁자로 되돌아갔다. 그런데 이번에는 탁자 위에 작은 병이 있었다.

"아까는 분명히 없었는데……."

앨리스가 중얼거렸다. 병목에는 쪽지가 매달려 있었고, 쪽지에는 "마셔 보세요."라는 글자가 멋지게 인쇄되어 있었다. 꽤 친절한 안내문이었지만, 똑똑한 앨리스는 안내문을 무조건 따를 생각이 없었다.

"먼저 독약이라는 표시가 있는지 없는지 살펴봐야지."

앨리스는 주변의 충고를 무시했다가 손해를 본 주인공이 등장하는 이야기를 많이 읽었다. 그래서 조심스러웠다. 그러나 병 어디에도 '독약'이라는 표시가 없었으므로 용기를 내어 살짝 맛을 보았다. 매우 맛이 좋았다! 앨리스는 남은 내용물을 꿀꺽꿀꺽 다 마셔 버렸다.

"기분이 너무 이상해! 내가 줄어들고 있는 게 틀림없어."

앨리스가 중얼거렸다. 사실 그랬다. 앨리스는 키가 24센티미터로 줄어들었다. 이제 아름다운 정원으로 이어진 작은 문을 통과할 수 있다는 생각에 앨리스의 표정이 환해졌다.

"주인공인 앨리스는 논리적으로 맞는 행동을 한 것일까?"

이야기 속의 상황을 상상하느라 정신을 놓고 있던 수연이는 선생님의 질문을 듣자 꿈에서 확 깬 것 같은 기분이 들었다. 《이상한 나라의 앨리스》는 그냥 재미있는 동화라고만 생각해 왔기에, 내용이 논리적인지 아닌지를 따져 보려고 한 적이 한 번도 없었다. 동화 속에 상상의 동물인 용이 등장한다고 해서 논리적으로 틀렸다고 할 수 있을까?

하지만 선생님은 다른 이야기를 했다.

"《이상한 나라의 앨리스》를 쓴 루이스 캐럴은 원래 수학자이자 논리학자였어. 즉 논리적인 생각을 아주 잘하는 사람이었다는 거지. 그래서 그런지, 이 책에는 앞뒤가 안 맞는 이야기가 많이 나와. 어린이 독자에게는 이야기로써의 재미를 주고, 어른에게는 상황을 비틀어 보는 반전의 즐거움을 느끼게 해 주기 위해서였어. 물론 어른이라고 모두 반전의 재미를 느낄 수 있는 것은 아니야. 논리를 아는 사람만이 느낄 수 있지."

선생님은 방금 읽어 준 부분을 다시 생각해 보라고 했다. 그래도 수연이는 이야기 속에 어떤 반전이 있다는 건지 알 수가 없었다.

아이들이 아무도 대답을 하지 않자, 보리 선생님이 천천히 입을 열었다.

"앨리스는 병에 독약이라는 표시가 없다는 이유로 내용물을 마셨어. 그런데 앨리스가 생각하지 못한 게 하나 있지. 나쁜 의도로 독약을 만든 사람이 병에 독약이라고 써 놓을까? 설마 시중에 파는 음료수 병처럼 첨가물 목록을 자세하게 적어서 붙여 놓았겠어?"

이번에도 선생님의 질문에 아무도 대답하지 않았다.

마셔 보세요.
후후…, 독약이면 어쩌려고?
이상한 아이 앨리스
…
독약이라는 표시는 없군.
앗!! 내몸이 작아진다.
불량 식품이었어? 맛이 없잖아!
죄송합니다.

"다들 너무 조용한걸. 틀려도 괜찮으니까 자기 생각을 말해 봐. 그래야 자유롭게 생각을 할 수 있으니까. 논리를 공부할 때 연습 문제를 풀거나 토론을 하는 것도 다 그런 이유 때문이니까."

수연이는 자신이 몰래 보고 있는 논리 책의 구성을 떠올리며 고개를 끄덕였다. 선생님의 말씀이 끝나자 아이들은 독약이 들어 있더라도 병에는 표시가 되어 있지 않을 수도 있다고 중얼거렸다.

"과학실 약병에 내용물이 자세히 적혀 있는 것처럼 독약이 든 병에 '독약'이라고 써 붙였을 수도 있어. 하지만 모든 약병이 그런 건 아니지. 만약 앨리스가 마신 게 독약이라면 어땠을까? 끔찍한 결과가 벌어졌겠지? 병에 내용물 표시가 없다면 위험한 것이 담겨 있을 수도 있으니까, 마시지 말아야 한다는 결론을 내리는 게 옳아. 하지만 앨리스처럼 독약이라는 표시가 없으니 독약이 아니라고 생각하는 건 명백한 논리적 오류지."

대답 대신 아이들이 눈을 끔벅거리는 소리가 들리는 것 같았다. 그러자 선생님은 다른 예를 꺼내며 입을 열었다.

"불량 식품을 먹지 말라는 말 많이 들었지? 불량 식품은 내용물에 무엇을 넣었는지 아예 표시하지 않거나, 겉에 표시된 내용과 다른 성분이 들어 있어서 위험한 거야. 이런 불량 식품을 먹지 말라는 건 루이스 캐럴이 살던 시절에도 통하던 교훈이었지. 그런데 괴짜 논리학자였던 작가는 오히려 이런 내용을 반전의 재미라고 생각하고 일부러 집어넣었어. 심지어 아이들이 절대로 따라 하면 안 되는 장면인데도 말이야."

선생님이 이렇게 말하자 아이들의 눈빛이 조금씩 변하기 시작했다.

"비판적 사고를 할 줄 알면 수학만 잘하게 되는 것이 아니라, 일상생활에도 유용하게 써먹을 수 있어. 앨리스처럼 무엇을 먹을지 정할 때 올바른 결정을 내릴 수 있거든."

아프니까 청춘인가?
아프니까 청춘이다.
아프면 병원을 가야지~
동물 병원

선생님은 수연이가 책에서 보았던 것과 별반 차이가 없는 이야기를 했다. 논리를 공부하는 사람들은 다 비슷한 걸까? 수연이는 보리 선생님이 혹시 논리 책을 쓴 작가인가, 하는 생각이 들었다. 하지만 작가가 왜 중학교에서 국어를 가르치고 있겠어?

뭐, 보리 선생님이 그 책의 작가건 아니건 그건 중요치 않았다. 중요한 건, 혼자서 논리 공부를 하느라 버벅대지 않아도 된다는 사실이었다!

"자, 이제 각자 자기소개를 해 볼까? 이름과 좋아하는 거, 그리고 독서

논술 활동에 대해 어떻게 생각하는지 얘기해 보자. 그걸 모르고서는 앞으로 재미있게 활동할 수 없을 테니까."

어떤 아이는 수줍게, 또 어떤 아이는 거침없이 자기소개를 했다. 이윽고 수연이 차례가 되었다.

"저는 이수연입니다. 앞에서 소개한 아이처럼 저도 예전에 잠깐 논술 학원에 다닌 적이 있어요. 그런데 책만 계속 읽으라고 해서 그만두었어요. 취미는 캐릭터 수집이고요, 그리고……."

선생님에게 더 하고 싶은 말이 있었지만 입이 떨어지지 않았다. 그냥 편하게 이야기할 수 있을 만큼만 친해지면 좋겠다는 이야기인데……. 그때 뒤에서 어떤 아이가 소리 높여 외쳤다.

"……그리고 예쁜 인형 따위나 모은대요!"

수연이는 소리가 난 쪽을 쳐다보았다. 기분 나쁘게 이죽거리는 녀석을 잠시 쳐다보다가 눈길을 다른 데로 돌렸다. 하필이면 전교에서 주먹으로 알아주는 녀석이었다.

'독서논술 동아리 선생님은 마음에 드는데, 하필이면 왜 저 녀석이 여기에 왔지?'

수연이는 부쩍 속이 상했다. 그때 선생님이 밝은 목소리로 말했다.

"나도 그런데! 비슷한 취미를 갖고 있어서 더 반갑네."

고자질이 오히려 더 좋은 결과를 만들었다고나 할까? 흐흐, 이런 게 바로 반전이지! 수연이는 슬며시 미소를 지었다.

수업이 끝나 갈 무렵, 선생님은 아이들에게 동아리 활동 시간에 쓸 아

무슨 맛으로 먹은 거야?

왓슨 군, 냉장고의 오렌지색 약물 못 봤나?
박사님
어? 제가 마셨는데요.
조수
오렌지색이라고 다 마시면 어떡해?!
오렌지 주스 같아서
실험용 약물을 오렌지 주스 병에 담아 냉장고에 넣어 두면 어떡해요!!
…
몸은 괜찮나? 그거 마시면 위험한데….
아…
병원
왓슨 군, 정신이 좀 드나?!
박사님…
깨어나면 정말로 묻고 싶었어. 도대체 무슨 맛으로 먹은 거야?
시원한 맛?

이디를 각자 만들어 오라고 했다. 그리고 숙제도 냈다. 칠판에다 이렇게 적었다.

> 모든 훌륭한 선생님은 시험 문제를 공정하게 낸다.
>
> 보리 선생님은 시험 문제를 공정하게 낸다.
>
> 그러므로 보리 선생님은 훌륭한 선생님이다.

선생님은 칠판에 쓴 내용을 기리키며 이렇게 말했다.

공양미 삼백 석을 받았으니
가는 건 가는 건데….
내가 몸을 던지면
바다가 잠잠해진다는
논리적 근거는?
...
심청

"각자 공책에 적고, 다음 시간까지 결론이 맞는 말인지 아닌지 생각해 와. 교실 왼쪽에는 '그렇다'라고 생각하는 사람이 앉고, 오른쪽에는 '그렇지 않다'라고 생각하는 사람이 앉도록 해. 앉은 자리로 나누어 토론을 할 테니까. 자리를 잘 잡아서 앉아야 당황하지 않겠지?"

논리 책에서 봤던 '모든~'으로 시작해서 '그러므로'로 끝나는 삼단 논법이었다. 수연이는 홀로 연역법까지 진도를 뺀 보람이 있다는 생각에 뿌듯한 기분이 들었다. 벌써부터 일주일 후가 기다려졌다.

06

보리 선생님은 정말 훌륭한 선생님일까?

일주일 후, 다시 찾은 독서논술 동아리는 지난주보다 훨씬 더 북적거렸다. 심지어 컴퓨터 게임 말고는 관심이 없던 규상이까지 눈에 띄었다. 왜 왔냐고 따지듯 묻자 규상이가 말했다.

"같이 논리 공부를 하기로 해 놓고서 의리 없이 너만 독서논술 동아리에 보내면 되겠냐? 형님이 같이 와야지. 실은……, 농구반에 신청했다가 인원이 많아서 가위바위보를 했는데, 이 형님이 재수 없게 져서 말이지. 인원이 빈 동아리가 몇 개 없더라고. 네 생각이 나서 이리로 왔지."

와글와글 떠들고 있는 아이들을 보니 논리에는 별반 관심이 없는 듯했다. 수연이처럼 스스로 선택한 경우는 많지 않고, 규상이처럼 다른 동아리를 지원했다가 떠밀려 온 아이들이 많은 모양이었다. 물론 비판적 사고를 해서 조목조목 따져 보면 또 다른 결론이 나올 수도 있겠지만.

규상이는 자연스럽게 수연이 옆자리에 앉았다. 지난 시간의 숙제가 뭔지도 모르고 있을 게 뻔했다. 찬성과 반대로 자리를 나누어 앉는다는 사실은 더더욱 알 턱이 없었다. 수연이가 지난 시간에 낸 숙제에 관해 이야기하자, 규상이는 두 번 생각할 겨를도 없이 대뜸 이렇게 대꾸했다.

"답은 뻔하네."

"뭔데?"

"'보리 선생님은 훌륭한 선생님이다'. 너도 좋은 선생님이라고 생각하잖아. 그리고 선생님이 듣고 싶어 하시는 말이기도 하고. 자기 홍보하려고 낸 숙제 같은데?"

수연이는 기가 막혔다. 아무런 근거도 없이 엉뚱한 이유를 들이대는 규상이가 한심해 보였다. 논리 책을 미리 보지 않았다면 자신도 그랬을 거라는 생각에 살짝 안심이 되기도 했다.

이윽고 선생님이 빙긋 웃으며 교실로 들어섰다.

"어라? 지난번에는 열 명 정도였는데, 인원이 꽤 늘었네. 논술에 관심이 많은 학생들이 이렇게 많았나?"

아이들은 선생님의 말씀에 히죽히죽 웃었다.

"선생님이 잘생겼다는 소문이 돌았다더니만, 특히 여학생이 많아졌네. 좋아, 아주 좋아."

선생님은 새로 온 아이들을 위해 지난 시간의 수업 내용을 간략하게 설명했다. 그리고 숙제 이야기로 넘어갔다.

칠판에 다시 문제를 적었다.

> 모든 훌륭한 선생님은 시험 문제를 공정하게 낸다.
>
> 보리 선생님은 시험 문제를 공정하게 낸다.
>
> 그러므로 보리 선생님은 훌륭한 선생님이다.

"인원이 늘어나는 바람에 자리를 나눠 앉는 게 어려웠을 것 같구나. 자기가 내린 결론에 해당하는 자리에 앉은 사람?"

수연이는 손을 번쩍 들었다. 제일 빨리 드는 바람에 선생님 눈에 제대로 띄고 말았다. 아니나 다를까, 선생님이 수연이를 곧바로 지목했다.

"왜 '그렇다'라고 생각했는지 설명해 볼래?"

"연역법에 따라서 타당한 결론이에요."

수연이의 말에 선생님은 살짝 놀라는 눈치였다. 아직 배우지도 않았는데, '연역법'과 '타당'이라는 단어가 나왔으니 그럴 만도 했다. 수연이는 '서현이가 뭔가를 발표할 때마다 이런 식의 뿌듯함을 느꼈겠구나.' 하는 생각이 들었다.

그런데 선생님의 질문이 다른 방향으로 흘렀다.

"논술 학원에서 그렇게 배웠니?"

아니라고 하면 요즘 혼자 공부하고 있다는 비밀을 털어놓아야 할 판이었다. 수연이는 결국 논술 학원에서 배웠다고 둘러댔다. 그러자 선생님은 수연이를 똑바로 바라보며 말했다.

"좋아, 정말로 그런지 살펴볼까?"

…
책을 꼼꼼히 살피라니까~.

선생님은 '그렇지 않다'라고 생각하는 아이들에게 손을 들어 보라고 했다. 몇몇이 손을 들었다.

"어느 쪽으로도 결론을 내리지 않고 눈치만 보는 사람들은 반성해야 해. 지난 시간에도 말했지만, 틀려도 좋으니까 자기 생각을 자유롭게 말하는 게 무엇보다 중요해. 그리고 너희가 어느 부분을 이해하지 못했는지 알아야 다시 설명해 줄 수 있지 않겠니?"

선생님은 '그렇지 않다'에 손을 든 아이들 중 한 명을 지목했다. 그 아이는 그쪽을 선택한 이유에 대해 이렇게 말했다.

"'훌륭한 선생님이다.'라는 결론이 맞는 것 같긴 한데, 문제를 출제하신 의도를 생각하면 아닌 것 같다는 생각이 들어요."

선생님은 딱 잘라서 대답했다.

"비판적 사고는 눈치 게임이 아니야. 결론을 골라내는 것보다 결론으로 가는 과정이 더 중요해. 눈치를 본다면 '훌륭한 선생님'이라는 결론을 아무 이유 없이 맞다고 생각할 수도 있으니까."

수연이는 옆자리에 앉은 규상이가 움찔하는 걸 느꼈다. 어쩌면 선생님이 학생들의 생각을 다 읽고 있을지도 모른다는 생각이 들었다. 선생님의 눈이 새삼 매섭게 느껴졌다.

"다르게 생각하는 사람?"

비록 연역법이라는 말을 모르는 아이들이 많았지만, 제일 앞 문장에 '모든'이라는 단어가 나왔기 때문에 그 뒤에 나오는 말은 볼 것도 없이 참이라는 의견이 많았다. 수연이는 그 말이 곧 연역법이나 다를 바 없다는 생각이 들었다. 자신과 비슷한 의견을 가진 아이가 많다는 사실에 안심이 되었다. 많은 사람이 같은 답을 고르면 그만큼 정답일 확률이 높다는 뜻이니까.

선생님이 듣고 싶어 하는 말이잖아. 이거는 선생님이 자기 홍보하려고 낸 숙제야~
움찔

그런데 선생님은 이번에도 수연이의 생각을 정확하게 지적하듯이 이렇게 말했다.

"대부분이 '그렇다'라고 생각하는 모양이구나? 그런데 대부분의 사람들이 같은 걸 믿는다고 해서 그게 반드시 사실이라는 건 아니야. 알다시피 옛날에는 거의 모든 사람이, 태양이 지구 주위를 돈다고 믿었는걸? 지구가 네모나게 생겨서 수평선 끝을 넘어가면 절벽의 폭포처럼 아래쪽으로 떨어질 거라고 믿었던 시절도 있었고 말이야. 단지 많은 사람이 믿는다는 이유만으로 그게 사실이 된다면, 지금도 태양이 지구 주위를 돌고 있어야겠지?"

선생님은 씩 웃고 나서 말을 이었다.

"하지만 그게 아니잖아. 내가 낸 문제의 두 번째 문장을 잘 살펴봐."

수연이는 특히 두 번째 문장에 주의하며 문제를 다시 읽었다.

> 모든 훌륭한 선생님은 시험 문제를 공정하게 낸다.
>
> 보리 선생님은 시험 문제를 공정하게 낸다.
>
> 그러므로 보리 선생님은 훌륭한 선생님이다.

결론은 같았다. 책에서 본 연역법 부분의 연습 문제와 별 차이가 없어 보였다. 선생님은 두 번째 문장을 지우고 다음과 같이 썼다.

> 보리 선생님은 (교사용 지도서를 보고) 시험 문제를 공정하게 낸다.

"교사용 지도서를 참고해서 시험 문제를 낸다면 문제집을 베껴서 내는 것보다 훨씬 더 공정할 거야. 그러면 스스로 고민해서 문제를 만들어 내는 훌륭한 선생님까지는 아니라고 할지라도, 시험 문제를 공정하게 낼 수는 있는 셈이지. 그래서 '보리 선생님은 훌륭한 선생님'이라는 말이 항상 참일 수는 없는 거야."

지구가 태양을 돈다

해가 뜨고 지는 건 어린 아이들도 다 아는 사실인데
근자에 불손한 무리들이 태양은 가만히 있고, 이 땅이 돈다는 해괴한 주장을 한다 하옵니다.
태양은 본디 임금을 뜻하는 바, 이는 전하를 음해하기 위한 불손한 무리들의….
그거 내가 한 말이오.
이게 우리가 사는 땅의 모습이오. 조선이 여기 있고, 중국은 여기….
헉!
이렇게 지구가 주상전하, 아니 태양을 중심으로 돈다는 말씀이죠?~
그렇지!
아주 잘하고 있소~.

수연이는 용기를 내서 선생님에게 질문을 던졌다.

"하지만 책에는 '연역법의 전제에 따르는 결론은 참'이라고 했는데요. 보리 선생님이 훌륭하다는 결론도 맞지 않나요?"

선생님은 수연이의 말을 듣고 미소를 지으며 말했다.

"물론 맞지. 나는 실제로 훌륭한 선생님이거든. 하지만 아까 이야기했듯이 이 논리에는 다른 가능성이 열려 있어. 첫 번째 문장에서 '모든'이라고 했지만, 그 의미를 실제 사례와 연결하기 위해서는 더 구체적으로 표현해야 해. 첫 번째 문장에 나오는 '훌륭하다'는 말은 '매우 좋아서 나무랄 데가 없다'는 뜻이야. 그런데 매우 좋은 것의 기준이 사람마다 다르기 때문에, 문장에 어떤 말을 넣느냐에 따라 틀린 문장이 되기도 하는 것이지. 전제가 되는 문장에 사람마다 다르게 생각할 수 있는 사항을 조건으로 달면 그다음에 오는 결론이 항상 올바를 수 없어. 아무리 앞에서 '모든'이라는 말을 썼다 할지라도 그와 반대되는 사례에 의해 뒤집어질 수 있으니까. 이렇게 논리에 맞는지 주장하는 말을 차근차근 살피며 확인하는 과정이 바로 비판적 사고야."

"선생님, 그런데 제가 본 책에는 그렇게 안 나와 있던데요?"

"어떤 책을 봤는데?"

수연이는 어쩔 수 없이 《논리의 족보를 파는 책방》이라고 대답했다. 그러자 선생님이 큰 소리로 껄껄 웃는 게 아닌가?

"그거, 내가 쓴 책인걸."

수연이는 그 말을 듣고 깜짝 놀랐다.

"선생님, 그럼 책에서 한 설명과 다른 거 아닌가요?"

수연이가 따져 물었다. 그러자 선생님은 "그래, 그렇게 물고 늘어지는 게 바로 비판적 사고지."라고 혼잣말처럼 중얼대며 대답했다.

"연역법에 대해서 확신하는 걸 보니, 책을 다 읽은 건 아니구나. 연역법 다음으로 귀납법에 대해 설명하면서 '반증의 원리'가 나올 거야. 반대되는 사례 하나를 발견해서 전체 원리를 확인하는 방법을 말하지. 비둘기를 예로 들었던 거 같은데."

수연이는 기억을 더듬었다. 맞는 말이었다. 수연이가 아무 말 없이 고개를 끄덕이자 선생님은 이렇게 덧붙였다.

"책에서 봤던 내용이라고 해도 의심하고 비판해야 해. 그게 내가 쓴 책, 또 자신이 쓴 글, 자신이 했던 생각이라고 해도 말이야. 비판적 사고에는 한계가 없으니까."

수연이는 보리 선생님이 책을 쓴 게 틀림없다고 확신했다. 책에도 같은 말이 자주 강조되었기 때문이다.

선생님은 문제를 하나 더 냈다.

> 모든 북극곰은 수영을 할 수 있다.
>
> 그러므로 남극 대륙에 사는 모든 북극곰은 수영을 할 수 있다.

"이 말이 참일까? 거짓일까?"

여전히 눈치작전으로 '거짓'을 선택한 아이들이 있었지만, 대부분은 나름대로 이유를 생각하는 듯했다. 선생님은 '거짓'을 택한 아이 중 한 명을 지목했다.

"북극곰이 어떻게 남극에 살아요? 남극에 북극곰이 있다는 말은 못 들어 봤는데요? 그러니까 거짓이에요."

"딩동댕! 좋아. 이건 난센스 문제야. 하지만 겉보기에 타당해 보인다고 무조건적으로 받아들이지 말라는 교훈이 담긴 예리한 문제이기도 하지. '모든 법칙에는 예외의 가능성이 있고, 오류가 숨어 있을 수 있다.'는 법칙을 잊지 마."

원래 북극곰은 수영을 잘해.
여긴 남극인데?
그럼 내가 남극곰인가?
그래서…, 수영을 못한다는 거지?

선생님은 의미심장한 웃음을 지었다. 수연이는 그게 어떤 의미인지, 그날 저녁에 책을 보고서야 이해했다.

세상 어떤 방패도 뚫을 수 있는 창이오~
이건 세상 어떤 창도 뚫을 수 없는 방패고~
무기 팝니다
말이 안 되잖아. 거짓말쟁이!
안 살 거면 저리 가!!

만약 그리스 사람이 "모든 그리스인은 거짓말쟁이다."라고 말했다고 치자. 그러면 그 말을 믿어야 할까? 만약 '모든 그리스인이 거짓말쟁이'라는 말이 맞다면, 그 말을 한 그리스인도 거짓말쟁이이다. 거짓말쟁이가 한 말은 거짓말이니 믿을 수가 없는 것이다. 이런 상황을 '거짓말쟁이의 역설'이라고 한다.

거짓말쟁이의 역설은 논리 법칙에도 적용할 수 있다. 만약 '모든 법칙에 예외의 가능성이 있고, 오류가 숨어 있을 수 있다.'는 법칙이 있다고 하자. 법칙이 참이라면, 그 법칙에도 오류가 있을 수 있고, 원리를 뒤집을 수 있는 예외가 있다는 이야기나 마찬가지다. 그러니 그 법칙은 참이 될 수 없다.

동아리 활동 시간에 장난치듯 한 말도, 그 안에 이렇게 복잡한 논리를 포함하고 있다니! 과연 보리 선생님은 어떤 사람일까? 수연이는 지난 시간에 내준 숙제를 한 번 더 생각해 보았다.

'그래서 결론적으로 보리 선생님은 훌륭한 선생님이라는 거야, 아니라는 거야?'

07

머리와 가슴이 따로 노는 까닭은?

이성과 감성의 조화

보리 선생님은 동아리 활동 시간에 논리의 기본을 가르쳤다. 수연이는 동아리에서 단연 돋보이는 학생이 되었다. 선생님에게 칭찬을 받는 상황이 익숙하지 않아서 당황스러운 때가 많았지만 나름대로 만족감이 컸다. 재미를 붙인 수연이는 논리 책으로 계속 예습을 했고, 모르는 것이 있으면 적극적으로 물어보았다.

선생님은 논리의 기초에 대해 가르쳐 주고 난 뒤 수업 방법을 아예 바꾸었다. 계속해서 편을 나누어 토론하는 숙제를 내주었다. 학교 폭력 문제, 학습 능력과 성별의 차이, 우리나라 불우 이웃에게 기부 vs 다른 나라 난민에게 기부 등등.

선생님이 내는 문제는 하나도 쉬운 게 없었다. 선생님도 어른들조차 쉽게 해결하지 못할 문제라고 말할 정도였다. 그런데도 쉬지 않고 생각할 거리를 던져 주었다.

“생각의 벽에 자꾸 부딪혀 봐야만 그것을 뛰어넘는 길도 스스로 찾을 수 있지.”

선생님은 아이들을 격려했다.

“너희가 어려워하는 건 그만큼 생각의 벽에 가까이 다다랐다는 거야. 머지않아 그 벽을 뛰어넘어야 해. 생각의 벽에 부딪혀 보지 않은 사람이라면 그냥 ‘쉽게 하자’거나 ‘그만하자’는 식의 결론만 내리고 말겠지. 하지만 이렇게 할까, 저렇게 할까 고민하는 시간이 길어질수록 그만큼 생각이 커질 거야. 절대로 중간에 포기하지 말고, 끝까지 생각해서 자신의 입장을 정하도록 해.”

선생님은 항상 자신의 입장을 확실히 내보일 수 있도록 찬성과 반대로 나누어 앉으라고 했다. 그러다 보니 아이들은 박쥐처럼 여기 붙었다 저기 붙었다 하면서 눈치껏 시간을 때울 수가 없었다.

토론 덕분에 주제에 따라 어떤 때는 서로 뜻을 같이하는 친구가 되기도 하고, 어떤 때는 원수처럼 으르렁거리며 거침없이 비판을 하기도 했다. 수연이는 규상이와 함께 앉았다가 건너편에 앉았다가를 반복하면서 복잡한 감정을 느끼게 되었다.

규상이는 수연이가 생각했던 것처럼 단순한 아이가 아니었다. 성적은 살짝 뒤처지는 편이지만, 보리 선생님이 내는 문제를 현실적인 상황과 연결시키는 데 있어서는 단연 최고였다. 특히 선생님이 다음과 같은 숙제를 냈을 때 규상이는 엄청난 능력을 발휘했다.

"사람들은 '모든'에 대한 욕심이 있어. 즉 자신이 겪은 작디작은 경험을 바탕으로 전체를 이야기하려고 애쓰지. 그런데 내가 첫 시간에 이야기한 것처럼 '모든'에 대해서 이야기할 때는 아주 조심해야 해. 반대되는 경우가 얼마든지 있으니까. 그런데 사람들은 어떻게든 자신이 경험한 사실을 하나의 일반화된 경험으로 확대하려고 하지. 이런 것을 '과장된 일반화'라고 해. 대표적인 연역법의 함정이라고나 할까? 너희가 일상생활에서 '과장된 일반화'를 겪었던 일을 찾아서 비판해 보는 게 이번 주 숙제야."

일주일 뒤, 규상이는 자기 친구의 이야기를 예로 들어 발표했다.

네가 공부를 못해서
네 말을 무조건 믿지 않은 건 내 잘못이야.
깊이 반성하고 있어.
뭐?!
사과라니까!
사과는 개뿔!!
애들은 싸우면서 큰다더니…
많이 크겠네!

"제 친구가 이렇게 말한 적이 있어요. '진돗개를 한 마리 키워야겠어. 내가 본 진돗개는 전부 애교가 많고 충성스러웠거든.' 그런데 이건 자신이 본 진돗개만으로 판단해서 다른 진돗개도 모두 그럴 거라고 이야기하는 거잖아요. 물론 대부분의 진돗개가 애교가 많고 충성스럽겠지만, 제가 본 시골 할아버지네 진돗개는 그렇지 않았어요. 애교가 있기는커녕 사나워서 무섭기만 했죠. 애교가 있다 없다, 무섭다 아니다 등으로 판단하는 건 굉장히 주관적이에요. 그래서 객관적으로 일반화할 수 없는 예라고 할 수 있어요."

모든 진돗개가
충성스러울 거라고 생각하지 마.
손!

선생님은 생활 속 이야기에서 논리의 함정을 찾아 연결시킨 점, 그리고 '무섭다'라는 것과 관련된 생각의 허점까지 찾아서 비판한 점을 높이 평가했다.

그때만 해도 수연이는 규상이가 '소 뒷걸음질치다 쥐 잡은 격'으로 어쩌다 한 번 잘한 것이라 생각했다. 그런데 선생님이 현실적인 상황과 연결시킨 문제를 낼 때마다 척척 발표를 하는 규상이가 언제부턴가 다르게 보이기 시작했다. 그동안 규상이 말이라면 무조건 믿지 않고 무시했던 자신을 다시 돌아보는 계기가 되었다.

수연이는 토론 중에 다른 아이가 자신의 의견에 반대하면 화를 참지 못했다. 수연이만 그러는 게 아니었다. 대부분의 아이들은 토론 시간에 자신의 의견에 반대하는 상대방이 눈앞에 있다는 사실만으로 불편한 감정을 느꼈다. 감정을 추스르지 못하고 무조건 말도 안 되는 생각이라며 우기는 경우가 부지기수였다.

하지만 아이들이 화를 낼 때면 선생님은 엄하게 꾸짖었다.

"사람에게는 머리뿐만이 아니라 가슴이 있어. 흔히 '이성'과 '감성'이라고 표현하지. 그 둘이 조화를 이뤄야 하는데, 보통은 감정에 휘둘려서 실수를 하게 되는 경우가 많아. 상대방의 의견이 논리 정연한데도 상대방이 싫다고 무조건 반대해서는 제대로 된 토론을 하기가 어려워. 상당히 어려운 일이기는 하지만, 항상 냉철하게 비판적 사고를 해야만 해. 방금 너희가 보인 태도는 감정에 치우친 실수에 가까웠어. 고쳐야만 하는 태도지. 차분하게 상대방의 의견을 들은 뒤 논리의 허점을 찾고, 함께 대안을 만들어 가려는 마음을 가져야 하는 거야."

선생님은 감정에 치우치게 되면 논리적인 생각을 할 수 없게 된다면서 충동구매의 예를 들었다. 마트나 홈쇼핑에서 차분히 따져 보면 사지 않아도 될 물건을, '마감 임박'이나 '가격 할인' 때문에 서둘러 사게 되는 경우가 많다는 것이다. 결국 고객의 불안한 마음을 점점 고조시켜서 물건을 사게 만드는 상술에 불과한데도…….

수연이는 '그래서 엄마가 홈쇼핑에서 산 물건들 중 태반을 반품하셨나?' 하는 생각이 들었다.

"일부러 감정을 자극하는 광고도 있어. 예를 들어 보험 회사 광고에는

으흐흐…
저건 꼭
사야 해.
엄마!
이성을 찾으세요.
매진
임박!
특가 16종 세트

대부분 갑자기 죽은 사람의 가족이나 다친 사람들이 나와서 절절한 사연을 늘어놓는 경우가 많아. 그러면 사람들은 그런 일이 실제로 일어날 확률을 따져 보기도 전에, 이미 결과에 대해서만 예민하게 받아들이게 되지. 그렇게 얼떨결에 보험에 가입하는 사람도 많단다. 다른 예로 또 뭐가 있을까? 감정을 변화시켜서 설득하는 경우 말이야."

규상이가 손을 번쩍 들었다. 어느덧 수연이도 규상이의 발표라면 기대를 하고 듣게 되었다.

"칭찬이요."

"칭찬? 그래, 맞아. 칭찬은 고래도 춤추게 한다는 말이 있지. 최장군은 학교에서 칭찬을 많이 받니?"

"아니요, 선생님들은 저한테 별 관심이 없으세요."

"그래? 그럼 집에서는?"

"엄마는 평소에 저를 칭찬하시는 일이 거의 없는데, 심부름시킬 일이 있으실 때는 칭찬을 하세요. '우리 아들은 마음이 착해서, 약국에 가서 약도 잘 사 와요.' 이런 식으로요. 하지만 저는 그게 순수한 칭찬이 아니라 심부름을 시키기 위한 엄마의 작전이라는 것을 잘 알고 있어요. 어릴 때는 정말 칭찬하시는 줄 알고 신나서 심부름을 했죠. 그런데 엄마는 제가 중학생이 되었는데도 같은 작전을 쓰려고 하세요. 제가 그런 칭찬은 지겹다며 심부름을 하지 않으려고 버티면, 결국에는 큰 소리로 화를 내시지요. 애초에 엄마는 진심으로 저를 칭찬할 마음이 없으셨던 거예요."

규상이는 씁쓸한 미소를 짓고 있었다. 선생님은 평소와 다르게 규상이의 동아리 아이디인 최장군 대신 본명을 불렀다.

"규상아, 엄마가 널 심부름시키기 위한 작전으로 칭찬을 하신 걸 수도 있어. 하지만 네가 엄마 마음속에 들어가서 확인해 본 것이 아니라, 단지 네 추측일 뿐이잖아. 그러니 감정을 변화시켜서 설득한 사례인지 아닌지 판단하기가 조금 애매하구나. 네 의견을 스스로 한번 비판적으로 생각해 보면 좋겠어."

수연이는 자신의 경우도 규상이와 별반 다르지 않다고 생각하며 귀를 기울였다.

"심부름을 하지 않는 게 착한 행동은 아니잖아. 그래서 엄마가 네 행동을 고쳐 주기 위해 화를 내신 것일 수도 있어. 네가 착한 마음으로 심부름했다고 한 어린 시절을 돌이켜 보면, 분명히 심부름을 하기 전에도 칭찬을 하셨고 네가 심부름을 하고 오면 또 칭찬을 하셨을 거야. 네 착한 마음이 행동으로 드러나 보였으니까."

규상이는 "네~."라고 마지못해 대답하고는 어색한 표정을 지으며 털썩 자리에 앉았다.

선생님은 심리학자들이 사람들을 더 행복하게 만들기 위해서 사용하는 여러 심리 치료 방법도 비판적 사고에 뿌리를 두고 있다고 설명했다. 상담에 자주 쓰이는 기법 중에 '객관화'라는 걸 예로 들었다.

"어떤 사람이 '나는 모든 게 끝장났어!'라며 절망한다면, '끝장난 모든 것'이 구체적으로 무엇인지 꼼꼼히 따져 보게 만드는 거야."

아이들은 이구동성으로 안 그래도 힘든 사람을 더 짜증나게 만드는 데다가, 얼마나 상황이 안 좋은지 낱낱이 살펴보게 되면 도리어 절망할 거라고 떠들어 댔다. 하지만 선생님은 고개를 가로저었다.

"예를 들어 볼까? 가령 상담자의 애인이 떠나 버려서 다시는 누군가를 못 사귈 것 같은 불안감에 절망하고 있다고 가정해 보자. 그럼 적어도 친구는 남아 있지 않느냐고 일깨워서, 상담자의 상황이 모두 끝난 것은 아니라는 걸 객관적으로 확인할 수 있게끔 옆구리를 콕콕 찔러 주는 거지."

"에이, 그러다 친구도 없으면 완전 더 실망인 거잖아요?"

한 아이의 도발적인 질문에 선생님은 오히려 환한 미소를 지으며 대답했다.

"친구도 없다고 하면, 가족은 남아 있지 않느냐고 알려 주면 되지. 가족도 없다고 하면, 지금 나와 이야기를 나누고 있지 않느냐고 확인을 시켜 주는 거야. 그 외에도 일상적으로 밥을 먹거나 일을 하거나 잠을 자거나……. 어쨌든 무언가를 끊임없이 하고 있지 않느냐고 일깨워 주는 것이지. '모든 것이 다 끝장났다!'라고 여기는 건 과장된 생각이라는 사실을 자기 스스로 객관화시켜 발견하게끔 만들어 주는 거야."

수연은 논리적으로 꼼꼼히 따지는 게 심리적인 측면에서 도움이 될 수 있을 줄은 상상도 하지 못했다.

"너희, 비폭력 대화라는 말을 들어 본 적 있니?"

선생님의 질문에 한 녀석이 대답했다.

"간디가 한 말 아니에요?"

왠지 그 말이 웃겨서 아이들은 합창하듯 와르르 웃음을 터뜨리고 말았다. 선생님도 웃으며 말했다.

"그렇게 생각할 수 있겠네. 하지만 비폭력 대화는 누군가가 남긴 말이 아니야. 남에게 상처를 주는 포악한 맹수와 같이 무섭고 거칠게 말하는 게 아니라, 자신이 원하는 바를 밝히면서도 초식 동물과 같이 평화롭게 말하는 방법을 가리키는 거지. 맹수나 초식 동물이나 모두 초원에 산다는 점은 똑같지만, 살아가는 방법이 서로 다르다는 사실을 떠올려 봐. 마찬가지로 같은 말을 하면서 살아가는 사람일지라도, 폭력적인 대화를 하는지 비폭력적인 대화를 하는지 서로 비교해 보면 차이점을 느낄 수 있을 거야."

선생님이나 아이들 중에서도 매사에 강압적으로 말하는 사람이 있고,

두 개의 자루

간디의 영국 유학 시절, 피터스 교수는 간디를 싫어했는데
나보다 똑똑한 놈들은 다 싫어!
특히, 간디…
간디 군, 자네가 길을 걷다가 두 개의 자루를 발견했는데
…
자루 하나에는 돈이, 또 다른 자루에는 지혜가 들어 있었어.
돈
지혜
둘 중 하나만 가질 수 있다면 어떤 자루를 갖겠나?
당연히 돈자루죠.
자네도 별수 없군.
나는 지혜가 든 자루를 선택하겠어.
보통 자신에게 없는 것을 선택하지 않나요?
…
저는 돈이 없어요. 교수님은 지혜가 없고~ 논리적으로 생각해 보세요.

화를 낼 만한 상황에서도 너그럽게 말을 하는 사람이 있다는 데 생각이 미쳤다. 그제야 수연이는 보리 선생님이 무슨 말을 하는지 이해할 수 있었다. 주변을 둘러보니 수연이 말고도 몇몇 아이들이 고개를 끄덕이고 있었다.

"그런데 비폭력 대화법에는 평화적으로 말하는 기술만 있는 게 아니라, 평화적으로 듣는 기술도 있단다. 여기에서 가장 중요한 것 역시 비판적 사고야."

비판이라고 하면 다른 사람의 단점을 꼬집는 것이라고만 생각했던 아이들은 비판적 사고가 어떻게 평화적인 방법으로 사용된다는 것인지 아리송해서 고개를 갸웃거렸다. 선생님이 규상이에게 질문을 던졌다.

"네가 교실 밖에서 놀다가 들어온 순간, 친구들이 널 보더니 갑자기 말

나는 폭력을 싫어해.
이성적이고 논리적인 대화로 너희가 내 입에 들어갈 수 있게 설득하고 싶어.
꿀꺽!

을 딱 멈췄어. 왜 그런 걸까?"

"그야……, 녀석들이 신나게 제 뒷담화를 하다가 딱 걸린 것 같으니까 그랬겠죠, 뭐."

규상이는 지체 없이 대답했다. 그러자 선생님은 곧바로 다음 질문으로 넘어갔다.

"근거가 있니?"

"근거라면, 저를 보더니 녀석들이 바로 말을 멈춘 행동이요."

"그건 겉으로 드러난 현상일 뿐이고, 그 속에 숨어 있는 조건을 따져 보았니?"

규상이는 바로 대답을 하지 못했다. '원래 애들은 다 그래요.'라고 대답한다면, 선생님이 고약하게 굴지 않는 아이들의 예를 찾아낼 것 같았다. 그러면 자신만 창피해질 게 뻔했다.

선생님이 대답을 채근하자, 규상이가 겨우 입을 열었다.

"저도 그런 식으로 다른 친구 뒷담화를 하다가 당사자가 나타났을 때 갑자기 말을 멈추곤 했거든요. 그래서 정황상 그럴 것이라고 추측한 거예요."

"그건 그 친구들의 행동이 아니라 너 자신의 행동을 바탕으로 '그럴 것이다.'라고 추측한 거잖아. 그렇지? 추측 말고 증거를 이야기해야지."

"예전에도 그 친구들이 저하고 같이 다른 애를 뒷담화한 적이 있었다면요?"

"그게 방금 전에 내 뒷담화를 했다는 증거가 될 수 있을까? 그럼 한번 범죄자는 영원한 범죄자라는 거니? 자의든 타의든 범죄를 저지른 사람은 사건이 생길 때마다 불러서 조사를 해야 하는 거야? 그런 논리라면 최장군, 네가 엄마한테 한 번 거짓말했던 게 들통난 다음에는 항상 거짓말한다고 의심받더라도 담담히 받아들여야 할지도 몰라. 안 그래?"

규상이는 결국 바보같이 어색한 웃음을 지으며 벌게진 볼을 두 손으로 가리고 자리에 앉았다.

"뚜렷한 증거도 없는데 왜 자기 뒷담화를 했으리라고 추측하면서 스스로를 괴로움에 빠뜨리는 거지? 만약 증거가 없다면 좋은 방향으로 생각할 수도 있지 않겠어? 예를 들어 뒷담화가 아니라 비밀 이야기를 나누고 있었다거나, 네가 들어왔을 때 마침 이야기가 끊긴 순간이었다거나, 둘이 좋아하는 사이라서 남몰래 속삭이고 있었다거나 등등 말이야. 이렇게 자신의 뒤에서 폭력적인 대화를 하고 있었다고 생각하는 게 아니라, 비폭력적인 방향으로 이야기를 하고 있었다고 생각하는 것이 바로 비폭력 대화법이야. 이때 폭력이라고 여길 수 있는 부정적인 생각의 근거를 꼼꼼히 따져 보기 위해서 비판적 사고가 필요한 거야."

담배가 해롭다면서
국가는 왜 담배 판매에 앞장서는가?
담배 판매 하지 마라!

한 아이가 한숨을 쉬며 퍼즐을 맞추는 것 같은 기분이라고 중얼거렸다. 보리 선생님은 제시된 조건

을 이리 돌려 보고 저리 돌려 봐서, 결국 상황에 맞는 짝을 찾는다는 점에서 비판적 사고는 본질적으로 퍼즐 맞추기와 비슷하다고 말했다.

그러면서 의미심장한 웃음을 흘리며 실제로 비판적 사고력을 높이는 훈련을 하기 위해 퍼즐을 풀기도 한다고 이야기했다. 선생님은 곧 칠판에 문제를 적었다.

08

논리 퍼즐은 너무너무 헷갈려

“사실 난 퍼즐을 그다지 좋아하지는 않아. 하지만 너희의 논리력이 어느 정도인지 한번 알아보도록 하자. ‘사우나에서 생긴 황당 사건’이라는 문제야.”

보리 선생님이 낸 문제는 차갑게 머리를 굴리지 않으면 풀기 어려운 난이도를 자랑했다.

[사우나에서 생긴 황당 사건]

말라깽이 김갑돌 씨가 사우나에 들어갔는데, 마침 앉아 있던 다섯 명이 말싸움을 하고 있었다. 조직 폭력배를 연상시키는 외모에 말투도 상당히 거칠었다. 그들은 김갑돌 씨에게 다짜고짜 모래시계 두 개를 쥐어 주며 이렇게 말했다.

“작은 모래시계는 4분짜리이고, 큰 모래시계는 7분짜리요. 여기서 앞으로 딱 9분만 버텨 볼 테니, 잘 보고 있다가 시간이 되면 말해 주시오.”

문제가 어려워서인지, 사우나가 더워서인지 김갑돌 씨의 이마에서 땀이 비오듯 흘러내렸다. 잠시 머뭇거리던 김갑돌 씨는 자신 있게 말했다.

“정확히 재 드리지요.”

김갑돌 씨는 결국 문제를 해결하고 당당히 사우나에서 나왔다. 대체 어떤 방법을 사용한 것일까?

선생님이 문제를 내자마자 규상이가 말했다.

“사우나에 가면 한쪽 벽에 시계를 걸어 놓잖아요. 시계를 보고 9분을

우아! 형님, 하트 용 문신~
9분이 되면 말해 주시오!
7분짜리
4분 짜리
?

재서 알려 준 게 아닐까요?"

규상이의 어이없는 대답이 끝나자마자, 교실은 순식간에 아이들이 저마다 내놓은 답으로 시끌시끌해졌다.

선생님은 아이들에게 조용히 하라고 주의를 준 다음 이렇게 말했다.

"그렇게 시간을 잴 거면 왜 모래시계가 등장하겠니? 자, 두 개의 모래시계로 9분을 정확히 잰 과정이 들어 있는 의견만 답으로 인정한다. 답을 맞히면 선생님이 갖고 있는 연필을 선물로 줄게."

선생님이 갖고 있는 연필은 나무로 만들었는데도 불구하고 높은음자리표 모양으로 구불구불하게 휘어 있었다. 평소에 그 연필을 신기하게 여기던 아이들은 진지한 표정으로 문제를 풀기 시작했다.

거의 5분 동안 교실에서는 아무 소리도 나지 않았다. 하지만 5분이 지나면서부터 여기저기에서 한숨 소리가 터져 나왔다. 그리고 이내 다시 시끄러워졌다. 답이 없다는 둥, 이 문제를 풀면 경시대회에도 나갈 수 있겠다는 둥, 그림을 그려 봐도 해결이 안 된다는 둥, 구시렁대는 내용도 각양각색이었다.

보리 선생님은 아이들의 모습을 가만히 지켜보다가 이번 문제는 연습문제니까 답을 알려 주겠다고 했다. 아이들은 일단 궁금증이 풀린다는 사실에 반가워하면서도, 연습 문제가 이 정도면 숙제는 얼마나 어렵겠느냐며 미리부터 투덜거렸다.

"먼저 문제에서 주어진 핵심 조건을 살펴보자. 대부분은 4분짜리와 7분짜리 모래시계로 9분을 잴 수 없을 것 같아서 다른 방법을 찾게 되지?

하지만 논리적으로 이 문제에 접근해 볼까? 두 개의 모래시계를 더하면 11분이야. 조폭들이 요구한 9분보다 2분이 더 많아. 그러니까 모래시계 두 개를 차례로 재기보다는, 9분에 맞추어 번갈아 재는 방법을 찾아야 하는 거야. 이렇게 파악했으면 이 문제는 다 푼 거나 다름없어."

아이들은 시큰둥한 반응이었다. '누가 그걸 모르나? 그렇게 번갈아 재는 방법을 모르니까 그렇지.'라는 말풍선이 너나없이 머리 위에 드리워지는 듯했다.

"모래시계 두 개로 번갈아 잰다는 건 9분을 잴 수 있도록 숫자를 나눈다는 의미야. 숫자를 열심히 조합하다 보면 다음과 같은 해결책을 내놓을 수 있지. 지금부터 잘 들어야 해. 순서를 헷갈리면 안 되니까!"

보리 선생님은 주의를 주고 나서 다시 말을 이었다.

"일단 모래시계 두 개를 동시에 뒤집어 시간을 잰다. 그리고 4분짜리 모래시계의 모래가 다 내려가자마자 다시 뒤집는다. 그러면 7분짜리 시계의 모래가 다 내려갔을 때 3분이 더 지난 셈이니까, 4분짜리 모래시계에 남은 양은 1분이 되겠지?"

아이들은 정신없이 눈동자를 굴리면서 머릿속으로 계산을 했다. 1분이 남았다면 아직까지 답이 아니라는 말이었다. 선생님이 실수를 한 게 아닐까? 4분짜리 시계와 7분짜리 시계로 어떻게 1분을 더 잴 수 있다는 거지?

"자, 여기에서 선생님의 필살기 등장! 7분짜리 모래시계의 모래가 다 내려가면 바로 뒤집어. 그리고 1분이 남은 4분짜리 시계의 모래가 다 내려갈 때까지 기다리는 거야. 그러면 4분짜리 시계의 1분이 지나는 동안, 7분짜리 시계도 1분만큼 모래가 떨어져 내렸을 거야. 4분짜리 시계의 모래가 다 내려갔을 때 7분짜리 시계를 동시에 다시 뒤집으면 1분만큼 더 가게 되는 거지. 이런 식으로 9분을 재는 거야."

선생님은 손바닥을 탁탁 뒤집어 가며 설명했다. 아이들은 그때까지도 정확히 이해할 수 없었다. 말을 듣다 보니 정확히 9분을 잰 것 같기는 한데, 명확하게 이해가 되는 건 아니었다. 아이들은 다시 천천히 이야기해 달라고 선생님을 졸랐다.

절반 정도의 아이들은 두 번째 설명을 듣고서야 겨우 이해를 할 수 있었다. 나머지 절반은 마치 게임을 하다가 랙에 걸려 버벅대는 것처럼 머

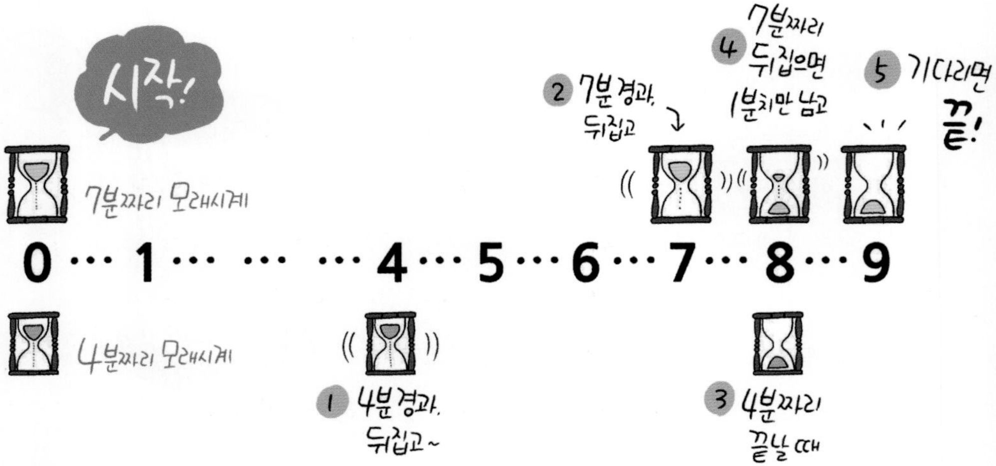
시작!
7분짜리 모래시계
4분짜리 모래시계
0 … 1 … … … 4 … 5 … 6 … 7 … 8 … 9
1 4분 경과, 뒤집고~
2 7분 경과, 뒤집고
3 4분짜리 끝날 때
4 7분짜리 뒤집으면 1분치만 남고
5 기다리면 끝!

리가 멈춰 선 것 같은 표정이었다. 선생님은 아직도 이해가 되지 않은 사람은 지금 막 이해한 친구에게 물어보라고 떠넘겼다. 그러자 아이들은 책상을 두드리며 다시 알려 달라고 졸랐다.

"너희가 답을 편하게 알아낼수록 그만큼 생각의 벽을 뛰어넘는 시기는 더 늦어지게 될 거야. 불편하더라도 끝까지 물고 늘어져야 생각의 벽을 빨리 뛰어넘지. 선생님은 벽을 깨뜨려 주는 사람이 아니라, 끊임없이 새로운 벽을 보여 주는 사람이야. 그러니까 다음부터 자세하게 설명해 달라고 막무가내로 조르기 없기야!"

아이들이 합창을 하듯 약속하자, 선생님은 칠판에 풀이를 적었다.

4 + 3 + 1 + 1 = 9

아이들은 선생님이 장난을 치는 줄 알았다. 하지만 선생님은 칠판을 손바닥으로 가볍게 쾅쾅 쳤다. 그러고는 웃으며 이렇게 말했다.

"덧셈을 모르는 사람은 산수 공부를 열심히 하렴."

선생님은 앞에서 풀이했던 내용을 천천히 반복하면서 중간중간 숫자를 가리키면서 설명했다. 이제 대부분의 아이들이 이해하게 되었다. 그러자 보리 선생님은 이렇게 덧붙였다.

"물론 이것도 문제점이 있는 답이기는 해. 선생님이 말한 방법대로 재더라도 모래시계를 뒤집는 순간 걸리는 시간 때문에 어쩔 수 없이 오차가 생길 수 있거든. 아무리 재빠르게 뒤집더라도 1초 정도는 차이가 나겠지. 조금 더 완벽하게 재려면 시계를 뒤집는 사이에 속으로 숫자를 새고, 다음번에 뒤집을 때 그만큼을 빼면 오차를 줄일 수 있어."

수연이는 '비판적 사고는 끝을 모른다.'는 말이 실감났다. 이런 수연이의 마음을 아는지 모르는지, 선생님은 엄격한 표정으로 덧셈을 지우고 새로운 문제를 냈다. 아이들은 진지한 표정으로 문제를 받아 적었다.

[가짜 동전 찾기]

가방 세 개가 여러분 앞에 놓여 있다. 그중 하나는 모두 위조된 가짜 동전으로 채워져 있고, 나머지 두 개의 가방은 진짜 동전으로 채워져 있다. 여러분은 양팔 저울이 아니라, 체중계처럼 생긴 저울을 하나 갖고 있다. 조사한 바에 따르면, 진

가방에
표시를 했어야지!
...

짜 동전은 한 개에 70g이 나가는 데 비해 가짜 동전은 한 개에 75g이 나간다고 한다. 다른 방법을 쓰지 않고 오직 저울로 무게를 재는 방법만으로 가짜 동전이 가득 찬 가방을 가려내야 한다면, 몇 번을 재어야 가짜 동전이 담긴 가방을 찾아낼 수 있을까?

선생님은 진지한 얼굴로 이렇게 말했다.

"이번 숙제는 개인전이야. 문제 풀이 과정을 각자 적어서 동아리 활동을 시작하기 전에 교탁 위에 올려놓도록 해. 남의 답을 베낄 생각은 하지 마. 답은 똑같더라도 풀이 과정 자체가 처음부터 끝까지 똑같을 수는 없으니까 단박에 찾아낼 수 있어. 종이에 자신의 생각을 적는 연습을 해 봐. 그리고 그걸 그대로 제출하면 돼."

아이들은 토론을 하면서 상대방에게 생겼던 해묵은 감정을 훌훌 털어 버렸다. 개인전이라는 말에 오히려 단합이 되었다고나 할까? 이제 친구고 원수고 없었다. 각자 이 문제를 갖고 싸워야 하는 똑같은 처지의 동지가 되었으니까.

09

생각의 벽을 뛰어넘어라!

수연이는 집으로 돌아오는 내내 머릿속이 복잡했다. 선생님이 연습 문제로 낸 '사우나에서 생긴 황당 사건'과 숙제로 낸 '가짜 동전 찾기' 사이에 무언가 관련이 있는 게 분명했다. 사우나 문제의 핵심은 '모래시계를 뒤집는 순서'였다. 그렇다면 가짜 동전 문제의 핵심은 무엇일까?

수연이는 집에 도착하자마자 선생님이 낸 문제를 공책에 다시 옮겨 적어 보았다. 그리고 중요하다고 느껴지는 부분에 밑줄을 그었다. 그 밑에 저울과 가방 3개를 그려 넣었다. 각각의 가방에 동전을 5개씩 그려 넣은 다음, 마지막 가방에는 가짜 동전이 들어 있다고 생각해 보았다. 그런데 머릿속으로 생각하다 보니 구별이 잘 되지 않았다. 가짜 동전은 무게가 더 나간다고 했던 게 생각나서 일부러 까맣게 칠했다.

이제 진짜 동전이 든 가방의 무게는 350g이고, 가짜 동전이 든 가방의 무게는 375g이다. 저울에 첫 번째 가방의 무게를 잰 뒤, 두 번째 가방의 무게를 재고, 마지막으로 세 번째 가방의 무게를 재면 손쉽게 밝힐 수 있을 것 같았다. 그러니까 답은 세 번인 셈이었다. 이렇게 쉽게 풀리다니! 아무리 봐도 자신이 영재라는 생각이 들어서 어깨가 으쓱해졌다.

그러나 방심은 금물! 비판적 사고는 자신의 생각을 다시 살펴볼 줄 아는 거라고 했다. 수연이는 답을 다시 살펴보았다. 하지만 전혀 문제가 없어 보였다. 순서를 바꿔서 마지막 가방부터 무게를 잰다고 해도 세 번을 반복하면 간단하게 가장 무거운 가방을 찾아낼 수 있었다.

별것도 아닌데 괜히 쫄았다는 생각에 문제를 째려보았다. 그런데 그때 밑줄 친 부분이 눈에 들어왔다.

가방 하나는 모두 가짜 동전으로 채워져 있고, 나머지 두 개의 가방은 진짜 동전으로 채워져 있다.

수연이는 자신이 그린 그림을 보았다. 문제 어디에도 가방에 똑같은 개수의 동전을 집어넣었다는 말은 없었다. 만약 동전의 개수를 다르게 넣어서 가방의 무게를 모두 같게 만들었다면, 각각의 가방을 저울에 수백 번 올려놓고 무게를 재어 봤자 아무 소용이 없는 일이었다. 그래, 이렇게 쉬운 문제일 리가 없지.

수연이는 문제를 다시 쳐다보았다. 별 진전이 없었다. 단숨에 문제를 풀지 못하는 자신에게 화가 났다. 하지만 논리적으로 생각하려면 감정부터 다스리라고 한 선생님의 말씀이 떠올랐다. 그리고 끈질기게 달라붙어야 한다는 말도 생각났다.

문제를 다시 살펴보았다. 그림을 다르게 그려 보아도 답이 쉽게 떠오르지 않았다. 반칙이라는 걸 알면서도, 혹시나 하는 마음에 보리 선생님이 쓴 책을 뒤적여 보았다. 꼭 커닝을 하는 기분이었다. 그래도 유혹을 떨치기가 힘들었다. 이 문제를 풀면 선생님한테 인정을 받을 수 있을 텐데! 매가 먹이를 찾는 것처럼 책장을 한 장 한 장 넘기며 뚫어져라 살펴보았다. 그러나 아무리 넘겨 보아도 똑같은 문제는 없었다. '사우나에서 생긴 황당 사건'만 찾아냈을 뿐이었다.

그때 방문을 두드리는 소리가 들렸다. 수연이가 방문을 열자, 엄마와 다솜이가 나란히 서 있었다. 그런데 다솜이의 표정이 심상치가 않았다.

"다솜이가 너한테 할 말이 있다며 찾아왔어. 너, 이제 큰일 났다! 우리 다솜이, 단단히 화가 난 것 같은데?"

엄마는 이렇게 말하고는 이내 자리를 떴다.

가뜩이나 문제가 안 풀려서 짜증이 나 있던 수연이는 귀찮다는 듯 고개를 꺾으며 물었다.

"무슨 일인데 그래?"

그러자 다솜이는 가방 안에 있던 여우 인형을 꺼내서 바닥에 휙 집어 던지며 소리쳤다.

"이게 진짜 털이라고? 아빠한테 물어봤더니 꼬리표에 폴리에스테르라고 쓰여 있다던데?"

순간, 수연이는 머릿속이 새하얘졌다. 어떤 말로 변명해야 할지 아무 생각도 떠오르지 않았다. 그냥 '아' 하고 바보처럼 입만 벌리고 있었다.

이 사기꾼!
폴리에스테르!!
오빠가 설명해 줄게….

"뭐라고 말 좀 해 보시지. 시치미 뗀다고 이대로 넘어갈 줄 알아?"

다솜이가 소리를 지르자 수연이는 정신이 번쩍 들었다. 하지만 딱히 변명할 말이 없었다. 애초에 거짓말을 했기 때문이다. 이럴 때 아무 말이나 지어내면 더 나쁜 결과로 이어지기 마련이었다. 수연이는 다른 캐릭터 피규어를 주는 한이 있더라도 솔직하게 털어놓아야겠다고 생각했다.

"서현이가 보는 책이 너무 궁금해서 너한테 거짓말했어. 정말 미안해! 내가 잘못했어."

"미안하다면 다야? 길 가는 사람 붙잡아서 쥐어박아 놓고 미안하다고 그러면 되겠네?"

동아리 시간에 배운 과장된 일반화였지만, 지금 그런 걸 지적했다간 다솜이의 화만 돋울 게 뻔했다. 수연이는 진심을 담아서 다시 사과했다.

"정말 잘못했어! 사람은 누구나 실수를 하잖아. 한 번만 봐주라. 그때 내가 어떻게 됐었나 봐. 미안하니까 대신 이거 줄게."

다솜이는 수연이가 건네는 캐릭터 피규어를 거들떠보지도 않았다.

"누가 이거 달래?"

말은 이렇게 하면서도 다솜이는 눈동자를 굴리며 뭔가를 찾는 눈치였다. 그때 수연이의 머릿속을 스치는 캐릭터가 있었다. 규상이가 가져간 그때 그 피규어! 수연이는 자기도 모르게 캐릭터 이름을 혼잣말로 중얼거렸다. 다솜이는 그 말을 기가 막히게 알아듣고는 새쭉거리며 말했다.

"그 캐릭터 없다며? 그것도 거짓말이었나 보지? 나한테 주기 싫어서 거짓말했구나?"

"아니야!"

수연이는 규상이와 있었던 일을 전부 이야기했다. 잠자코 듣던 다솜이가 이렇게 말했다.

"그럼 이제 함께 공부하지 않으니까 돌려 달라고 하면 되겠네. '계약 파기'지. 그 오빠가 계약이라고 그랬다며?"

다솜이는 초등학생이라고는 믿어지지 않을 정도로 똑똑했다. 하지만 여기에서 말문이 막히면 안 되었다. 엄마가 알아채기 전에 빨리 상황을 마무리해야 했다.

"알았어. 규상이한테 받아서 줄게."

"언제까지?"

"보름만, 보름만 기다려 줘."

"안 되겠어. 이제 오빠를 믿을 수가 없어. 내일까지 줘. 만약 내일까지 안 주면 서현이 언니한테 다 이를 거야."

수연이는 억울한 표정을 지으며 말했다.

"사실 이 책, 네가 알려 주기 전에 이미 내가 샀던 거라고."

"그게 말이 돼? 이미 갖고 있는 책을 왜 나한테 알아보라고 해?"

다솜이는 바닥에 내던졌던 인형과 캐릭터를 집어서 자기 가방에 도로 넣었다.

"내일 피규어 가져오면 돌려줄게. 그때까지 압수야."

다솜이가 돌아가고 나자 마치 엄청난 폭풍이 지나간 듯한 느낌이 들었다. 수연이는 멍하니 자리에 앉아 있다가 퍼뜩 정신을 차리고 규상이에게 전화를 걸었다.

"규상아, 너한테 준 피규어 말이야, 다시 돌려줘야겠다."

"무슨 소리야? 한번 줬으면 끝난 거지, 치사하게 도로 달라고 하냐? 무조건 안 돼."

규상이는 여간해서 마음을 바꿀 것 같지 않았다. 수연이는 몸이 단 나머지, 이렇게 툭 내뱉고 말았다.

"그럼 나한테 팔아."

잠시 정적이 흘렀다. 규상이는 혀를 끌끌 차더니 말을 바꾸었다.

"네가 내 베프니까 봐줬다. 내가 큰 마음 먹고 돌려줄 테니까 앞으로 너네 집에서 게임이나 실컷 하게 해 주라. 참, 내일까지 독서논술 동아리 숙제도 해결해 주고."

잠깐!
내 조건에 응한다면
물건을 돌려주겠네.

규상이는 제 말만 하고는 전화를 툭 끊었다. 수연이는 목이 바짝 탔다. 내일까지 피규어를 돌려받으려면 오늘 내로 문제를 풀어야 하는 상황이 되어 버렸다.

수연이는 도움을 청할 상대가 필요했다. 일단 공부를 잘하는 아이들에게 전화를 걸었다. 문제를 불러 주고 풀어 달라고 했더니, 다들 대충 떠오르는 대로 아무렇게나 대답했다. 조금 전에 수연이가 생각한 것과 별반 차이가 없었다.

'세 번 재면 밝힐 수 있다는 건 나도 안다고, 이 멍청아!'

평소에 수연이가 진지하게 공부에 대한 질문을 한 적이 없으니 어쩌면 오히려 당연한 결과일지도 몰랐다. 되레 답이 궁금하다며 정답을 꼭 알려 달라는 친구도 있었다. 갈수록 태산이었다. 순간, 정말 생각하기도 싫은 아이의 얼굴이 떠올랐다.

'그래, 서현이라면 풀 수 있을 거야.'

수연이는 비상연락망에서 서현이의 휴대폰 번호를 찾아낸 뒤 크게 심호흡을 했다. 정말이지 절대로 하고 싶지 않았던 일이었다. 하지만 세상을 살다 보면, 때때로 적과 손을 잡아서 위기를 넘겨야 하는 상황이 펼쳐지기도 하는 법. 정치인들도 숱하게 하는 일이 아니던가. 수연이는 스스로를 애써 위로하며 전화번호를 꾹꾹 눌렀다.

서현이는 신호음이 한참 동안 울리도록 전화를 받지 않았다. 다시 걸었을 때는 휴대폰 전원이 아예 꺼져 있었다. 학원에서 수업 중인 것 같았다. 쉬는 시간에 맞춰서 다시 전화를 걸었다. 서현이는 신호음이 한참 울린 다음에야 전화를 받았다.

"여보세요."

왠지 서현이의 목소리에 힘이 하나도 없었다. 그렇거나 말거나, 수연이는 대뜸 문제를 읽어 주었다.

"이 문제 풀 수 있어?"

서현이는 한숨을 푹 쉬더니 짜증 섞인 목소리로 대답했다.

"야, 갑자기 전화해서 다짜고짜 문제를 풀라는 게 말이 돼?"

"어, 미안! 근데 이 문제 꼭 풀어야 하거든. 부탁할게."

부탁한다는 말에 서현이의 목소리가 한결 부드러워졌다. 그러더니 문제를 다시 한 번 불러 달라고 했다. 수연이는 국어 책을 읽듯이 또박또박 문제를 읽어 주었다.

"문제는 잘 받아적었으니까 이따가 집에 가서 풀어 볼게."

"지금 풀어 주면 안 돼?"

"학원 수업 때문에 안 돼."

서현이는 전화를 툭 끊었다. 수연이는 당황해서 한동안 멍하니 앉아 있었다. 칫, 물어보기도 전에 만날 먼저 아는 척한 사람이 누군데! 하지만 지금 아쉬운 쪽은 수연이었다. 게다가 다짜고짜 전화를 걸어서 문제를 풀어 달라고 했으니 서현이로서도 많이 놀랐을 성싶었다. 수연이는 곰곰 생각하다가, 서현이에게 사과하는 내용의 문자 메시지를 보냈다. 한참이 지나도록 아무런 답이 없었다.

"문제도 안 풀어 주는데 서현이한테 전화는 왜 했을까?"

갑자기 후회가 밀려들었다. 문자 메시지도 괜히 보낸 것 같았다.

"그래, 세상에 믿을 사람은 오직 나 자신뿐이야."

수연이는 문제를 뚫어져라 쳐다보았다. 문제의 핵심은 진짜 동전과 가짜 동전을 가리는 것이었다. 진짜와 가짜! 갑자기 다솜이가 소리쳤던 가짜 털 여우 인형이 떠오르면서 순식간에 집중력이 흐트러졌다.

수연이는 애써 마음을 다잡은 뒤, 공책에 생각나는 대로 문장을 쓰기 시작했다.

진짜와 가짜 가리기. 핵심 조건은 진짜 동전과 가짜 동전의 무게에 차이가 있다는 것. 그러니까 진짜 동전과 가짜 동전의 무게가 다르다는 점에 주목하면서 가장 효율적으로 무게를 잴 수 있는 방법을 찾아야 한다.

이렇게 글을 쓰면서 생각을 정리했다. 그림도 다시 그렸다. 가방에 차례로 번호를 매겨 보았다. 1번, 2번, 3번……. 그리고 각 가방에 동전을 가득 그려 넣었다. 아까처럼 가방의 전체 무게를 재는 건 별 의미가 없었다. 그렇다면 가방에서 동전을 꺼내 무게를 재 보는 게 핵심이라는 생각이 들었다. 그림만 바꿔도 생각이 달라지다니! 참 신기했다.

1번 가방에서 동전 하나를 꺼내고, 2번 가방에서 하나를 꺼내고, 3번 가방에서 하나를 꺼내서 무게를 재는 경우를 상상해 보았다. 이번에도 무게를 세 번은 재어야 가짜 동전으로 가득 찬 가방을 알아낼 수 있을 듯했다. 나는 지금 어떤 생각의 벽에 막힌 것일까? 수연이는 자기가 써 놓은 글을 찬찬히 읽어 보았다.

가방 하나는 모두 가짜 동전으로 채워져 있고, 나머지 두 개의 가방은 진짜 동전으로 채워져 있다.

가방 중 하나는 모두 가짜 동전으로 채워져 있으니까, 무게를 잰 동전 중 어느 하나는 분명 75g일 것이다. 저울을 세 번 사용해야 한다는 결론은 똑같지만 풀이 과정이 달라졌다. 문제는 해결되었다! 그래도 안심할 수 없어서 문제를 다시 살펴보았다. 그런데 공책에 그린 그림을 보다가 문득 이런 생각이 떠올랐다.

'깊이 생각하지 않아도 가짜 동전으로 가득 찬 가방을 알아내기 위해서 무게를 세 번 재야 한다는 건 누구나 알 수 있잖아?'

수연이는 포기하지 않고 가방에서 꺼내는 동전의 숫자를 변화시켜 보았다. 한 가방에서 동전 두 개를 꺼내 무게를 쟀을 때 합이 150g이라면 그건 가짜 동전 가방이라고 할 수 있을까? 그럴 것 같았다. 그러나 동전의 개수를 늘려도 무게를 세 번 재야 한다는 사실에는 변함이 없었다. 가방 전체의 무게를 재는 게 의미 없는 것과 마찬가지였다. 수연이는 궁금해서 미칠 지경이 되자, 서현이가 아니라 서현이 할머니라 해도 매달리고 싶은 심정이었다.

그때 문자 메시지가 도착했다. 다행히도 서현이었다.

서현 : 진짜 잘못한 거 맞아? '기분 나빴다면 미안해' 버전 아니지?

수연 : 아니야, 정말로 잘못했어. 사과할게. 미안해.

서현 : 그래, 사과 접수했다. 그 문제 풀었어. 내일 학교에서 알려 줄게.

수연이는 서현이의 말이 반가우면서도 한편으로는 속이 상했다. 서현이는 단박에 문제를 풀다니!

수연 : 우아, 잘됐네. 그런데 진짜 푼 거 맞아?

서현 : 그럼, 기대해도 좋아. 재미있네. ㅋㅋㅋ ^-^

서현이는 마지막에 웃는 이모티콘을 써서 보냈다. 의외의 모습이었다. 얼굴을 보며 이야기할 때보다 더 친근한 기분이 들었다. 온라인 게임 상에서 캐릭터끼리 이야기하는 느낌이라고나 할까?

다음 날, 수연이는 학교에 도착하자마자 서현이 자리로 갔다. 서현이는 오늘도 얌전한 모범생 얼굴을 하고서 자기 자리에 차분히 앉아 있었다. 수연이가 주변에서 쭈뼛거리자 서현이가 먼저 공책을 내밀었다.

1. $75+(70\times5)=425$

2. $(70\times4)+(75\times2)=430$

3. $(70\times3)+(75\times3)=435$

무슨 암호 같았다. 사우나 문제의 덧셈 풀이가 떠올랐다. 서현이가 보리 선생님에게 과외를 받는 건 아닐 텐데, 비슷한 풀이 과정을 보고 깜짝 놀랐다.

"역시 세 번 무게를 재야 한다는 거였구나."

수연이는 자신도 대충 짐작하고 있었다는 듯이 말했다.

"무슨 소리야? 한 번만 재면 돼."

'1, 2, 3이라고 써 놓은 데다 풀이도 세 개나 있는데, 한 번이라고 우기는 건 또 무슨 심보야?'

수연이가 인상을 쓰자 서현이는 바로 공책에 그림을 그렸다. 수연이는 지기 싫은 마음에 자기 공책을 가져와, 어제 자신이 그렸던 그림을 재빨리 보여 주었다. 서현이는 그것을 보고 눈웃음을 쳤다. 그리고 다시 말을

가방에서 차이 나게 동전을 꺼내는 거야~
1개
2개
3개
뿅!
뿅뿅!
뿅뿅뿅!

이어 나갔다.

"문제를 해결하기 직전에서 멈췄구나? 어느 가방에 가짜 동전이 있고 진짜 동전이 있는지 그 차이를 알아내는 게 문제 해결의 핵심이잖아? 차이가 눈에 보이지 않으면 눈에 보이게 바꾸면 돼."

눈에 보이지 않는 조건을 찾는다는 말에 보리 선생님이 번뜩 떠올랐지만, 짐짓 서현이를 시험하려고 따지듯이 물었다.

"네가 무슨 마술사라도 되냐? 눈에 보이지 않는 차이를 어떻게 보이도록 하겠다는 거야?"

"논리를 사용하면 마술사처럼 차이를 만들 수 있어. 자, 여기 봐. 가짜 동전과 진짜 동전이 들어 있는 가방을 알아내기 위해서 동전을 꺼낼 때 각 가방에서 꺼내는 동전의 개수에 일부러 차이를 두는 거야. 예를 들어 각각 한 개, 두 개, 세 개씩 꺼내면 어떨까?"

"왜 두 개, 네 개, 여섯 개를 꺼내면 안 돼?"

괜스레 심통이 난 수연이가 딴죽을 걸었다. 하지만 서현이는 아무렇지도 않은 듯이 덤덤하게 받았다.

"차이만 만들면 되니까 그렇게 해도 돼. 논리적으로는 다를 바 없으니까. 하지만 한 개, 두 개, 세 개를 꺼내는 게 계산하기가 훨씬 쉽지. 첫 번째 가방에서 동전 한 개를, 두 번째 가방에서 동전 두 개를, 세 번째 가방에서 동전 세 개를 꺼낸다고 생각해 봐. 그러면 모두 몇 개지?"

"지금 놀리니? 여섯 개잖아."

"맞아. 그런데 이렇게 꺼낸 여섯 개의 동전을 모아서 무게를 쟀는데, 만약 425g이 나간다면 어떨 것 같니? 동전을 하나만 꺼낸 첫 번째 가방에 가짜 동전이 있다고 추리할 수 있잖아. 즉 계산은 이렇게 돼. $75+(70\times5)=425$."

서현이가 가리킨 수식을 보자 그제야 조금씩 이해가 되기 시작했다. 서현이는 재미있다는 듯이 설명을 계속 이어 갔다.

"만약 430g이 나간다면 두 번째 가방에 가짜 동전이 들어 있는 거야. $(70\times4)+(75\times2)=430$. 만약 총 무게가 435g이 나간다면 세 번째 가방에 가짜 동전이 들어 있는 셈이고. 즉 $(70\times3)+(75\times3)=435$니까. 지금까지 세 경우 모두 무게가 달랐지? 그러니 아까 말한 대로 여섯 개의 동전을 꺼내서 저울로 딱 한 번만 무게를 재면, 어느 가방에 가짜 동전이 있는지 알게 되는 거야."

"이야, 정말 대단하네."

수연이는 자기도 모르게 탄성을 내질렀다. 그걸 보고 서현이가 빙긋이 웃었다.

"이런 문제를 어떻게 다 풀 줄 아는 거야?"

"미리 알고 있었던 게 아니야. 나도 힘겹게 풀어낸 거지. 사람들은 내가 문제를 쉽게 푸는 줄 알지만, 매번 최선을 다해서 가까스로 맞히는 거라고. 실은 '거꾸로 생각하기'로 겨우 풀었어."

"거꾸로 생각하기?"

"응, 처음에 이 문제를 보는 순간, 세 번은 무게를 재어야 가짜 동전이 들어 있는 가방을 찾을 수 있을 거라고 생각했어."

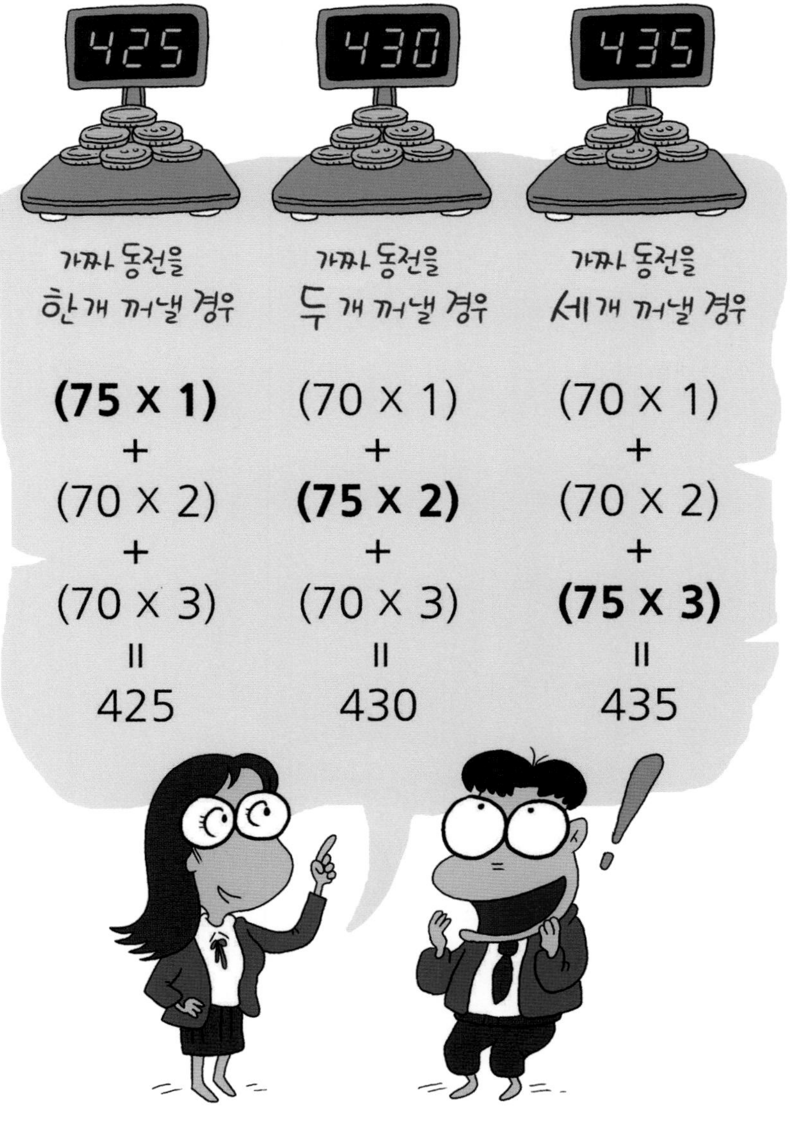
425
430
435
가짜 동전을 한개 꺼낼 경우
(75 X 1) + (70 X 2) + (70 X 3) = 425
가짜 동전을 두 개 꺼낼 경우
(70 X 1) + (75 X 2) + (70 X 3) = 430
가짜 동전을 세개 꺼낼 경우
(70 X 1) + (70 X 2) + (75 X 3) = 435
!

"어, 나도 그랬는데."

"그래? 너는 왜 그렇게 생각했는데?"

수연이는 처음에 서현이와 같은 답을 생각했다는 사실이 무척 반가웠다. 하지만 자신의 생각을 말했다가 수준이 낮다고 무시당할까 봐 대충 얼버무렸다. 그러고는 거꾸로 생각하기가 무엇인지 말해 달라고 졸랐다.

"세 번 무게를 재는 것이 정답이라고 생각하는 게 자연스럽다면, 오히려 그 답에 문제가 없는지 비판해 보는 거야. 그래서 나는 세 번보다 더 적게 무게를 재고도 가짜 동전이 있는 가방을 알아낼 수 있는 가능성은

벽이다!
뛰어넘어야지~

없는지 생각해 봤어. 만약에 두 번이나 한 번이라면 어떨까? 그래서 거꾸로 짜 맞춰 본 거야. '무게를 한 번만 재어서 가려낼 수 있는 방법은 없는지……. 그래서 각 가방에서 꺼내는 동전의 개수를 다르게 해 보았지."

수연이는 각 가방에서 동일한 개수의 동전을 꺼내서 무게를 재는 것만 생각하다가 그만 벽에 부딪혀 버렸는데, 서현이는 그 벽을 '거꾸로 생각하기'로 가뿐하게 뛰어넘은 셈이었다.

수연이는 서현이가 문제의 답을 알려 주었을 때보다, 생각하는 과정을 얘기할 때 훨씬 더 존경스러워 보였다. 답이 '한 번'이라고 가정하고, 그 목표를 향해 중간 과정을 꿰어 맞추다니!

그때 교실에 막 도착한 가람이가 정답게 이야기를 나누고 있는 수연이와 서현이를 휘둥그레진 눈으로 쳐다보았다. 수연이는 웃음을 참고 얼른 자기 자리로 돌아가 앉았다.

10

스스로 만든 생각의 벽에 갇히다

수연이는 규상이에게 답을 알려 주었다. 규상이는 놀라서 입을 다물지 못했다. 수연이를 보자마자 캐릭터와 게임에 대해 어쩌고저쩌고 떠들어 대던 규상이가 갑자기 조용해졌다. 수연이는 규상이한테서 회수한 피규어를 쳐다보며, 저녁에 다솜이에게 안겨 주면 모든 문제가 해결될 거라는 생각에 미소를 지었다.

'이렇게 일이 착착 진행되다니 참 신기하네. 어쩌면 난 운을 타고났는지도 몰라.'

하지만 수연이의 뿌듯함은 오래가지 못했다. 집에 와 보니 어제 다솜이가 수연이네 집에 씩씩대며 왔던 일로 엄마들 사이에서 벌써 이야기가 돈 모양이었다. 이 소식을 접한 가람이가 절대로 가만있을 리 없었다.

아니나 다를까, 삼십 분 정도 지난 뒤 가람이가 다솜이를 데리고 수연이네 집으로 찾아왔다.

"어떻게 그럴 수가 있니? 어린 동생한테 다른 사람도 아닌 같은 반 친구 뒷조사를 시키다니. 뭐 해? 빨리 안 돌려주고?"

가람이가 어제와 달리 고개를 푹 숙이고 있는 다솜이의 가방을 툭 쳤다. 다솜이는 여우 인형과 피규어를 내놓았다.

"이런 걸로 내 동생 꾀지 마. 정말 변태 같다니까? 그리고 다솜이, 너도 이런 걸로 꾀는 사람 말 듣지 말고. 유괴범이나 이런 걸로 자기보다 어린

정다솜 기자 회견
저는 수연 오빠의 스파이 였습니다.
으흐흑… 여우 털 인형에 그만….
질문 받습니다!

사람을 꾀는 거라니까?"

수연이는 그 말을 듣고 흥분을 감출 수가 없었다. 자신을 변태라 부른 것도 모자라, 이제는 유괴범과 비교를 하다니! 도저히 참을 수가 없었다. 수연이는 꽥 하고 소리를 질렀다. 엄마가 그 소리에 깜짝 놀라서 방으로 뛰어왔다.

"아니, 왜 그러니? 어제는 다솜이가 오더니 오늘은 가람이까지 오고. 무슨 일이야? 우리 수연이가 뭐 잘못했어?"

가람이는 수연이가 씩씩대는 사이에 재빨리 엄마에게 다 일러바쳤다.

"수연이가 서현이 뒷조사를 했대요. 어쩐지 요즘 들어 부쩍 친한 척을 하더라니……."

"수연이가 왜 서현이 뒷조사를 했대?"

"그건 저도 모르죠. 다솜이 말로는 서현이가 공부하는 책을 알아내서 창피를 주려고 했다네요."

가람이는 다솜이와 수연이 사이에 있었던 일에 대해 미주알고주알 늘어놓았다. 과장이 섞여 있어서 억울했지만, 사실과 크게 다를 것도 없었다. 엄마는 가람이와 다솜이 자매를 돌려보낸 뒤 수연이를 거실로 불렀다.

"수연아, 요새 공부를 열심히 하던 게 다 그것 때문이었어? 그럼 서현이한테 물어보면 되지, 왜 동생을 꾀어서 오해 살 만한 행동을 해?"

처음에 수연이는 아무 말도 하지 않았다. 하지만 엄마가 계속 야단을 치자 더 이상 참을 수가 없었다.

"엄마가 만날 서현이 반만이라도 쫓아가라고 그러셨잖아요! 제가 서현이에 대해서 뭐라고 그러면, '네까짓 게 뭘'이라고 하시면서 매번 무시하고. 무슨 일이 생기면 내 말보다 다른 사람 말을 먼저 믿으셨으면서!"

수연이가 화를 참지 못하고 말을 내뱉다가 급기야 울먹거리기 시작했다. 그러자 엄마는 놀란 표정으로 어쩔 줄 몰라 했다.

그때 수연이 휴대폰에서 벨이 울렸다. 서현이었다. 수연이는 일부러 전화를 받지 않았다. 그러자 잠시 후 문자 메시지가 왔다. 수연이는 자기 방에 들어가서 문자 메시지를 확인했다.

> 너한테 정말 실망했어. 어제는 피곤한데도 문제까지 풀어 줬잖아. 그런데 다솜이한테 내 뒷조사를 시켰다며? 찌질하다 못해 비겁하다. 다시는 네 얼굴 보고 싶지 않아.

수연이는 곧장 미안하다고 사과의 문자 메시지를 보냈지만 그 후로 오랫동안 아무 답이 없었다. 자신이 잘못한 건 맞지만, 진심을 담아 사과할 기회조차 주지 않는 서현이가 야속하게 여겨졌다.

그때 엄마가 방문을 노크했다. 아무 대답도 하지 않았지만 엄마는 방문을 불쑥 열고 안으로 들어왔다.

"엄마가 잘못했어. 미안해."

엄마의 진심이 고스란히 느껴졌다. 괜찮다고 하고 싶었지만, 쉽사리 입이 떨어지지 않았다. 그래도 답답했던 가슴이 한결 편안해지는 느낌이었다. 수연이는 모기만 한 소리로 겨우 대답했다.

"알았어요, 이제 괜찮아요."

엄마는 앞으로 서현이와 비교하지 않겠다고 약속했다. 그러자 수연이도 조금 전과는 달리 말문이 술술 트였다. 더하거나 빼지 않고, 자신이 한 일을 모조리 털어놓았다.

"처음에 서현이를 창피 주려고 마음먹었던 거나, 다솜이한테 뒷조사를 하게 한 건 잘못한 행동이니까 최대한 진심을 담아서 사과해야겠네."

"저도 알고 있어요."

수연이는 어떻게 진심을 전해야 할지 몰라 망설였다. 어떻게 해야 진심이 전해질까?

"문자 메시지 말고 전화로 직접 사과할게요. 서점에서 책을 살 때 구매일자를 도장으로 찍어 줬으니까, 다솜이를 꼬신 뒤 서현이가 보는 책과

어떻게 그럴 수 있니?!
변태 맞다니까.
친구, 게임은 언제 하게 해 줄 텐가?
아~

똑같은 걸 산 게 아니라는 건 금방 밝혀질 거예요."

수연이는 용기를 내서 서현이에게 전화를 걸었지만 여전히 받지 않았다. 몇 번 더 전화를 걸자, 서현이 엄마가 대신 받아서 서현이가 전화를 받고 싶어 하지 않는다고 전했다. 엄마는 걱정스런 마음에 중간에 끼어들어 두 사람을 화해시킬 방법을 찾아보자고 했지만, 서현이 엄마는 차가운 목소리로 거절을 하고 전화를 끊어 버렸다.

"제가 학교에 가서 사과할 테니까 걱정 마세요."

수연이는 엄마에게 미안한 마음이 들어서 이렇게 말하고는 방으로 들어갔다.

다음 날 학교에 가자, 교실 안 분위기가 얼음장처럼 차가웠다. 아무것도 모르는 규상이는 언제 집에서 게임을 하게 해 줄 거냐며 속도 모른 채 수선을 피웠다. 서현이와 가람이는 수연이를 아예 투명 인간 취급했다. 사과하려고 말을 꺼내기도 전에 수연이를 무시하며, 자기네끼리만 이야기를 나눴다.

그렇게 일주일이 흘렀다. 학교 수업도, 논리 공부도, 축구도 재미가 없었다. 몰래 하던 논리 공부가 들통나는 바람에 김이 새어 버려서 그런지 독서논술 동아리 활동도 썩 내키지 않았다.

그렇거나 말거나, 동아리 활동 시간은 어김없이 찾아왔다. 수연이는 영 마뜩지 않았지만, 서현이의 도움으로 푼 숙제를 교탁 위에 올려놓았다. 숙제를 하지 않았다고 야단을 맞을 기운도 없었다.

보리 선생님은 숙제를 살펴보고 나서, 수연이와 규상이의 답안을 뽑아 들었다. 그리고 두 사람에게 앞으로 나오라고 말했다.

"너희 둘만 한 번만 재면 된다는 답을 적었구나. 풀이 과정도 아주 비슷하고. 특히 최장군, 너는 풀이 과정이 너무 깨끗한걸? 그럼 너희 둘, 이 문제도 한번 풀어 보겠니?"

보리 선생님은 새로운 문제를 칠판에 적었다. 그리고 다른 아이들에게도 생각해 보라고 했다.

정말 이상한 애야.
…
서현아, 잠깐만…
아… 나는 투명인간

[양을 파는 상인]

90마리의 양을 몰고 강을 건너려는 상인이 있었다. 그 상인은 뱃사공에게 강을 건너가게 해 달라고 부탁했다. 그러자 뱃사공은 뱃삯으로 자신이 건너게 해 주는 양의 절반을 달라고 했다. 상인은 자신이 손해 보지 않는 선에서 양을 주고 무사히 강을 건넜다. 상인은 뱃사공에게 양을 몇 마리 주었을까?

수연이는 언뜻 45마리가 정답이라는 생각이 들었다. 하지만 그런 단순한 문제를 보리 선생님이 낼 리가 없었다. 지난번 '가짜 동전' 문제처럼 뭔가 반짝거리는 아이디어가 필요하다는 사실을 직감했다.

"'가짜 동전' 문제의 풀이를 공책에 적었던 것처럼, 지금 너희 머릿속에서 떠오르는 생각을 그대로 말하면 돼. 최장군부터 얘기해 볼까?"

규상이는 우물쭈물했다. 결국 횡설수설하다가 보리 선생님의 날카로운 눈빛에 무릎을 꿇고 말았다.

"선생님, 죄송합니다. 제가 수연이의 답을 그대로 베꼈어요."

선생님의 눈빛이 다시 매섭게 빛났다.

"그래? 개인전이라고 했는데, 너희는 단체전을 했다 이 말이군. 일단 그 문제는 나중에 이야기하기로 하자. 수연이, 네가 '가짜 동전' 문제를 풀었다면 양을 파는 상인 문제도 가볍게 풀 수 있을 거야."

수연이는 다른 친구의 도움을 받았다는 사실을 솔직하게 이야기했다. 어차피 자신의 실력으로 '양을 파는 상인' 문제를 금방 풀 수 없다는 걸 잘 알고 있었기 때문이다. 선생님은 기가 막히다는 표정으로 말했다.

"개인전이라고 했건만, 도대체 얼마나 많은 사람이 이 문제를 푸는 데 참여한 거야? 이러다가 개인 과외 선생님까지 등장하겠는걸? 동아리 활동도 하지 않는 친구의 도움을 받아서 자신의 생각인 양 써서 제출하다니! 네 행동에 문제가 없는지 스스로 비판해 볼 생각은 못 한 거야? 아마 네 생각의 벽은 바로 너 자신일지도 몰라. 선생님이 너희를 자극하려고 일부러 만들어 주는 생각의 벽이 아니라, 스스로 만든 벽에 갇히려고 하다니……. 동아리 활동이 너한테 도움이 되는지 나도 잘 모르겠구나."

그렇게 잘 보이고 싶었던 선생님한테 따끔한 비판을 받았는데도 이상하게 담담했다. 수연이는 자신이 참여했던 동아리 활동을 처음부터 떠올려 보았다. 대부분 선생님께 인정받거나, 다른 사람을 이기고 싶은 마음으로 수업에 참여했다. 그래서 자기보다 나은 아이들의 허점이나 잘못된 행동을 지적하는 데만 열심이었다. 정작 자신의 실력을 쌓는 일에는 얼마나 노력을 했는지 의문이 들었다. 의미 없는 시간을 보냈다는 생각이 들었다. 갑자기 눈물이 핑 돌았다.

보리 선생님은 수업이 끝나고 나서 수연이를 따로 불렀다.

"아까는 선생님 말이 조금 심했지? 나는 네가 잘못한 행동을 뉘우치는 마음으로 반성문을 써 보면 좋겠어. 이건 선생님 이메일 주소야."

선생님의 이메일 주소를 받아 들고 인사를 한 뒤, 수연이는 아무 말 없이 집으로 돌아왔다. 수연이는 보리 선생님에게 반성문을 써서 보내기 전에 서현이에게 먼저 사과 편지를 쓰고 싶었다. 그렇다고 이제 와서 다른 사람에게 서현이의 이메일 주소를 알아봐 달라고 부탁할 수는 없었다. 어차피 직접 만나서 해결해야 할 문제였다.

수연이는 문방구에 들러서 예쁜 편지지를 샀다. 그동안 자신이 좋아하는 물건을 모으기만 했지, 누군가에게 주려고 사는 건 처음이었다.

서현이에게
사과의
편지를…

집에 도착하자마자 편지를 썼다. 열심히 뭔가를 하는 게 일주일 만에 처음이었다. 게다가 직접 손으로 편지를 쓰는 건 초등학교 다닐 때 이후로 정말 오랜만이었다. 쓰다 지우다 하다 보니 편지지가 아주 지저분해져서, 새 편지지에 다시 깔끔하게 옮겨 적었다.

하지만 다 쓰고 나서 비교해 보니, 지저분한 편지지에 진심이 더 묻어 있는 것처럼 보였다. 수연이는 지저분한 편지지를 손에 꼭 쥐고 방문을 열었다.

편지를 쓰는 사이에 시간이 어찌나 흘렀는지 벌써 저녁 8시였다. 서둘러 학원으로 가면 쉬는 시간에 서현이를 잠깐 볼 수 있을 것 같았다.

수연이는 자전거에 올라 힘껏 페달을 밟으며 서현이가 다니는 학원으로 향했다. 다행스럽게도 쉬는 시간이 아직 끝나지 않은 모양이었다. 복도에서 서현이의 뒷모습을 발견하고는 쭈뼛거리는데, 마침 지나가던 학원 상담 선생님이 서현이에게 아는 척을 했다.

"서현아, 남자 친구 왔네."

서현이는 수연이를 발견하고는 깜짝 놀랐다. 하지만 다음 순간 홱 돌아서서 여자 화장실로 들어가 버렸다. 수연이는 여자 화장실 앞에서 하염없이 기다렸다. 다른 학생들이 수연이를 이상하다는 듯이 쳐다보았다. 아무려면 어떠랴. 이미 엎질러진 물이라 아무런 상관도 없었다.

수연이는 주변에 아무도 없다는 걸 확인하고는 크게 심호흡을 하고 나서 다짜고짜 큰 소리로 외쳤다.

"서현아, 진심으로 사과하려고 왔어. 너는 나를 친구로 대했는데, 나는 너를 그저 경쟁 상대로만 생각했어. 미안해! 편지에 내 마음을 담았으니까 꼭 읽어 줘. 이거 안 읽고 찢어 버리면 또 쓸 거야. 네가 편지를 읽을 때까지 계속 쓸 생각이야. 그러다 보면 언젠가는 내 마음을 알게 되겠지."

수연이는 큰 소리에 놀라 옆으로 다가온 상담 선생님에게 편지를 맡기고는 서현이에게 꼭 전해 달라고 부탁했다. 그리고 서현이에게 들리도록 일부러 목소리에 힘을 줘서 말했다.

"서현이에게 편지를 꼭 읽어 줬으면 좋겠다고 전해 주세요."

서현이의 답장

서현이에게 사과의 편지를 썼다.
내 편지야.
읽고 답해 줘.
…
다음날
서현이가 답장을 줄까?
답장을 보냈어!
역시, 서현이.
빨간펜 첨삭지도…
서현아,
모두 내 잘못이야.
다솜이를 스파이로 활용
하려든 것은 아니 었어.
나는 단지… 공부를…

11

모두가 행복해지는 답을 찾아서

다음 날 아침, 잠에서 깨어 보니 서현이에게서 문자 메시지가 와 있었다.

그래, 사과 받아들일게. 하지만 앞으로 그런 일이 또 있으면 다시는 안 봐줄 거야.

수연이는 날아갈 것만 같았다. 학교에 도착하자마자 서현이에게 달려가 사과를 받아 줘서 고맙다고 인사했다. 서현이는 아무렇지도 않은 얼굴로 자신의 행동을 오해하기 쉬웠을 거라고 이야기했다.

"학원을 여기저기 다니느라 시간이 없어서 그렇지, 사실은 나도 친구들과 친해지고 싶었거든. 그래서 아는 게 있으면 도와주려 한 건데, 그걸 잘난 체한다고 오해하는 경우가 많더라고."

"아, 그래서 평소에는 조용하다가 남들이 물어볼 때만 씩씩하게 대답하는 거였구나."

"그래, 평소에 말을 별로 안 하다 보니까 이제는 친구들과 말 섞기도 싫어한다고 소문이 나서 친구가 거의 없어. 사실 그동안 가람이랑도 거의 못 만났는데, 그나마 같은 반이 되어서 매일 볼 수 있으니 다행이지 뭐야."

수연이는 서현이를 재수 없는 아이로 오해해서 콧대를 한 번쯤 눌러 줘야겠다고 마음먹었던 자신이 너무나 부끄러웠다.

"어머머머!"

가람이가 교실에 들어서며 눈을 휘둥그레 뜨고 두 사람을 쳐다보았다. 수연이는 조용히 웃으며 자기 자리에 가서 앉았다. 쉬는 시간이 되자 서현이와 가람이가 어디론가 사라졌다. 그다음 쉬는 시간에도…….

점심시간이 되어서야 가람이가 수연이에게 다가와서 이렇게 말했다.

"너, 그래도 최악은 아니네."

잠시 말을 끊고 나서 머뭇거리다가 말을 이었다.

"제법인걸. 손편지를 다 쓰다니."

"뭐야? 혹시 내가 쓴 편지를 본 거야?"

"아, 아냐. 내가 왜 남의 편지를 봐?"

가람이는 당황해서 손사래를 쳤지만, 거짓말을 하고 있다는 걸 한눈에 알아차릴 수 있었다. 수연이는 자기가 썼던 편지에 놀림당할 만한 내용은 없었는지 기억을 더듬어 보았다. 그러다 아예 생각을 고쳐먹었다.

'그래, 놀림 좀 당하면 어떠냐? 이미 놀림당할 대로 다 당한 몸인데. 서현이가 사과를 받아 줬으니 그걸로 된 거지. 지금은 그게 가장 중요하니까.'

오후 수업 시간에는 조금 더 자연스럽게 서현이와 이야기를 나눌 수 있었다. 동아리 활동 시간에 선생님이 내준 문제 이야기도 서슴없이 늘어놓았다. 서현이도 이번 문제는 머리를 싸매고 한참 동안 고민을 했다.

"문제를 풀어 달라는 뜻으로 말한 건 아니야. 어차피 보리 선생님은 스스로 푼 답이 아니면 인정도 안 하시거든."

그날 수업을 마치고 수연이는 규상이와 함께 집으로 향했다. 오늘은 게임이 문제가 아니었다. 개인전을 단체전으로 치른 것에 반성하는 의미로 규상이와 함께 '양을 파는 상인' 문제를 풀기로 한 것이다.

수연이는 규상이와 함께 책상 앞에 앉았다. 수연이가 공책에 문제를 다시 옮겨 적었다.

90마리의 양을 몰고 강을 건너려는 상인이 있었다. 그 상인은 뱃사공에게 강을 건너가게 해 달라고 부탁했다. 그러자 뱃사공은 뱃삯으로 자신이 건너게 해주는 양의 절반을 달라고 했다. 상인은 자신이 손해 보지 않는 선에서 양을 주고 무사히 강을 건넜다. 상인은 뱃사공에게 양을 몇 마리 주었을까?

45마리는 누구나 쉽게 생각할 수 있는 답이다. 서현이가 했던 것처럼 '거꾸로 생각하기'를 적용하면 다른 답을 찾을 수 있을 것 같았다. 수연이

뱃삯
선불!!

는 가능성을 확인해 보려고, 먼저 자신이 상인이 되었다고 상상해 보았다.

'내가 상인이라면 어떤 답을 내놓았을까?'

상인은 이익을 많이 얻으려는 사람이다. 상인의 입장에서 문제를 다시 살펴보니 중요한 빈틈이 보였다. 상인과 뱃사공의 약속에는 강을 건넌 다음에 뱃삯을 줘야 한다는 조건이 없었다. 즉 상인은 뱃삯을 선불로 줄 수도 있는 것이다. 문득 선불로 값을 치르면 할인해 준다는 홈쇼핑의 여행 상품 광고가 머릿속에 떠올랐다.

수연이는 무릎을 탁 소리 나게 쳤다. '가짜 동전' 문제를 풀 때, 각각의 가방에서 똑같은 개수의 동전을 꺼내야만 한다고 생각했던 것처럼, 고정관념에 사로잡혀 문제를 살필 때에는 알아채지 못한 조건이었다. 새로운 조건을 중심으로 생각하자 가능성이 보이기 시작했다.

수연이는 상인의 입장에서 구체적인 숫자를 넣어 셈을 했다. 그러자 곧 문제의 핵심을 발견할 수 있었다! 사공이 배로 건너게 해 줄 양의 수에서 절반을 떼어 달라고 했으니, 배에 타기 전에 미리 셈을 치르면 배를 타고 강을 건널 때는 뱃삯으로 지불한 양의 숫자를 계산에 넣지 않아도 되었다.

"결국 상인은 사공에게 준 양의 두 배를 싣고 갈 수 있다는 말이군!"

"어유, 깜짝이야. 왜 혼잣말을 하고 그래?"

수연이는 규상이에게 지금까지 자신이 생각한 내용을 정리해서 말했다. 규상이도 맞장구를 쳤다.

"당연히 가장 이익이 되는 수를 계산해야지. 60마리를 배에 싣고 가는 게 가장 좋겠어."

배에 실을 60마리의 절반인 30마리를 선불로 미리 주고 배에 탄다면 배에 싣는 양의 반을 달라는 사공의 조건에도 맞고, 자신에게 주어진 제한 조건 내에서 최대의 이익을 얻을 수 있었다. 상인의 입장에서 상황을 살펴보자 상당히 좋은 결론이 나왔다.

아무리 고민해 보아도 45마리였는데, 30마리만 뱃삯으로 주면 된다고 생각하자 정말로 창의적인 답을 찾은 것만 같았다. 수연이와 규상이는 신이 나서 각자 공책에 답을 썼다. 그리고 이번에는 답이 상황에 맞는지 다시 살펴보았다. 상인의 입장에서 이보다 더 좋은 답은 없을 것 같았다.

둘은 비판적으로 생각하기 위해 상인이 아니라, 사공의 입장에서도 생각해 보기로 했다. 뱃사공과 상인은 입장이 다른 사람이었다. 수연이는 사공의 입장에서 더 많은 양을 받을 수 있는 방법을 생각해 보았다. 곰곰이 생각해 보니, 뱃사공뿐만 아니라 대부분의 사람들은 후불로 물건을 사고파는 것에 익숙하다는 사실이 떠올랐다. 그러니 뱃사공은 후불을 생각하고 '절반'을 요구했을 확률이 높았다.

그런데 상인이 30마리만 준다고 하면 사공은 뒤통수를 맞은 기분이 들지 않을까? 수연이는 자신이 뱃사공이라면 배신감 때문에 아마도 다시는 그 상인과 거래를 하지 않을 것 같았다. 아니면 당장이라도 '선불 금지!'라는 푯말을 만들어 붙이든가.

이런저런 생각을 종합해 보니, 상인의 입장에서 생각해 낸 답이 비록 창의적일지라도 뱃사공까지 만족시킬 만한 답은 아니었다.

수연이는 저울 문제에서 동전의 개수를 바꿔 본 것처럼 양의 숫자를 바꿔 보았다.

"만약 양의 숫자가 90마리가 아니라 93마리나 88마리라면 어떨까?"

하지만 숫자가 딱 떨어지지 않다 보니, 상인의 입장에서 찾은 방법은 아예 적용하기가 어려웠다. 결국 힘겹게 찾아낸 법칙은 양의 수가 3의 배수일 때만 사용할 수 있다는 것이었다.

보리 선생님이 했던 말을 떠올렸다. '상황을 비판적으로 본다는 것은 꼼수를 찾는 게 아니라, 객관적으로 모두가 납득할 만한 답을 찾는 것이다.'라는……. 논리적으로 내용을 검토하는 건 중간에 끼어들 수 있는 오류를 방지하기 위해서니까.

수연이는 논리적인 방법을 한번 사용해 보기로 했다. 일단 생각나는 전제를 공책에 옮겨 적었다.

제1전제 : 뱃사공은 상인에게 뱃삯으로 자신이 건네주는 양의 절반을 요구했다.

제2전제 : 뱃사공은 후불을 생각했다.

제3전제 : 상인은 자신에게 가장 이익이 되는 결론을 내린다.

결론? 전제를 어떻게 구성하느냐에 따라 결론이 달라졌다. 수연이는 상인의 입장에서 제2전제가 문제에 명확히 나와 있지 않다는 이유로 30마리라는 답을 생각해 냈다. 그러나 현실적인 답은 다를 수 있다는 사실을 비판적 사고를 통해 알게 되었다.

수연이는 전제를 조금 더 손봐야겠다고 생각했다.

"규상아, 전제에 더 추가할 내용은 없을까?"

규상이는 잠시 생각하더니 눈을 반짝이며 다음과 같이 썼다.

진정한 상인은 이윤이 아닌 사람을 남긴다고 했소.
그대는 반값 할인이오!
사극 많이 봤네~

제4전제 : 뱃사공 역시 자신에게 이익이 되는 결론을 내린다.

제5전제 : 상인은 한 번의 이익뿐만 아니라, 장기적인 이익까지 추구하는 사람이다.

수연이는 고개를 갸우뚱거리며 왜 이런 전제를 추가했느냐고 물었다.

그러자 규상이는 이렇게 대답했다.

"역사 드라마를 보면, 상인은 때로 손해를 보면서까지 자신의 물건을 퍼 주기도 하잖아. 그때 말하기를, 인간관계를 잘 쌓으면 나중에 더 큰 이익을 얻게 된다고 했어. 그러니 문제 속의 상인이 눈앞의 이익만 보지 않을 수도 있어."

수연이도 규상이의 생각에 고개를 끄덕였다. 그리고 전제를 하나 더 추가했다.

제6전제 : 상대방의 처지를 배려하면 좋은 관계를 만들어 장기적인 이익을 얻을 수 있다.

수연이와 규상이는 각자 생각하는, 상인이 뱃사공에게 주어야 할 양의 숫자를 댔다. 수연이는 46마리를, 규상이는 43마리를 답으로 냈다. 서로 적정선이라고 생각하는 숫자에 조금 차이가 있었다.

"아까는 손해를 보더라도 눈앞의 이익을 좇지 않아야 좋은 상인이라며? 역사 드라마에 나왔댔잖아."

"어허, 공. 짐이 다른 드라마도 봤으니 이런 선택을 한 것이외다."

규상이는 장난스럽게 대답했다.

"강을 건너다가 사고를 당해서 서로 손해를 입는 상황이 생길지도 몰라. 이럴 때를 대비해서 양 몇 마리를 보험에 드는 거지. 즉 두 마리 정도를 보험금으로 주는 거야. 보험 회사도 먹고살 수 있게 말이야. 그렇게 합의하면 모두 좋지 않을까?"

규상이는 노상 텔레비전만 본다더니 다양한 방면의 지식은 월등히 많았다. 텔레비전을 많이 본다고 꼭 나쁜 것 같지는 않았다. 나름 고급 상식을 쌓은 규상이의 말을 들으면서 수연이는 감탄을 자아냈다.

'논리 문제를 현실적인 면과 연결시키는 데는 규상이를 따라갈 사람이 없다니까.'

하지만 규상이는 규상이대로 수연이를 보며 속으로 놀라워했다.

'수연이 녀석, 논리 공부한다고 찌질대더니만 몰라보게 똑똑해졌는걸.'

규상이와 헤어진 다음, 방에 돌아온 수연이는 서현이에게 문자 메시지

물지도 따지지도 않고 가입시켜 드립니다.
라임해상보험
도강하는 양들을 위한 특약!!
저도 가입할 수 있나요?

를 보냈다. 서현이가 말한 것처럼 지식을 기쁘게 나누기 위해서 말이다.

수연 : 내가 답을 찾았어, 그것도 많이.

서현 : 바보야, 정답은 하나잖아.

수연 : 아니야, 다 각각의 논리가 있는 정답이야. 너는 똑똑하다는 애가 그것도 모르니?

서현 : 내일 이야기해 줘. 내가 다 비판해 줄 테니.

수연 : 쉽지 않을걸?

수연이는 자신의 답을 다시 살펴보았다. 가슴속으로 뿌듯함이 차올랐다.

컴퓨터를 켜고 보리 선생님에게 이메일을 보냈다. 진심을 담아서 사과를 하고, 정성을 다해서 감사한 마음을 나타냈다. 오늘만큼은 굳이 답장을 받지 않아도 행복할 것 같았다.

12

논리로 수학 문제를 푼다고?

비판적 사고력을 키우는 '관찰력'

동아리 활동 시간, 보리 선생님은 밝은 표정으로 수연이를 맞았다. 수연이도 마음이 편해졌다. 선생님은 수연이에게 지난번에 낸 문제를 풀었는지 물었다. 수연이가 세부적 조건에 따라 답이 달라질 수 있는 여러 가지 경우의 수가 있다고 말하자, 선생님은 흡족한 표정으로 고개를 끄덕였다. 수연이는 자신이 생각하는 정답을 이야기했다.

"각자의 논리에 따라 가장 좋은 답이 나올 수 있다고 생각합니다. 다만 저는 43마리가 가장 좋은 답이라고 생각해요. 장기적으로 거래를 트고, 만약의 사태에 대비하는 보험도 들 수 있으니까요."

선생님이 다른 친구들의 의견을 물었다.

"너희는 어떤 게 가장 좋은 답인 거 같니?"

3 → 6 12 → □ → 18 →
동지!
이 동아리 활동의
이름이 퍼즐인가?
수업이
이상해…

아이들 역시 각자 생각하는 정답을 외쳐 댔다. 그때 한 아이가 입을 삐죽거리며 말했다.

"선생님, 그런데 계속 퍼즐 문제만 내실 거예요? 부모님께 얘기했더니 동아리에서 왜 퍼즐 풀이만 하냐고 이상하다 그러시던데요."

보리 선생님은 첫 시간에 했던 말을 간략하게 정리했다. 비판적 사고는 조건들을 꼼꼼히 살펴보는 습관을 바탕으로 논리력을 키우는 것이고, 그러면 학습 능력도 더 나은 수준으로 성장할 수 있다고.

선생님은 몇몇 아이들이 아직 실감을 하지 못하는 눈치라는 걸 확인하더니, 아예 수학 문제로 보이는 퀴즈를 칠판에 적었다.

"자, 이것도 일종의 퍼즐이야. 동시에 수학 문제이기도 하지. 지금까지 숨겨진 조건을 찾는 퍼즐을 풀었을 때의 경험을 살려서 문제에 도전해 보기 바란다."

선생님은 칠판에 다음과 같이 적고 아이들에게 '□' 속에 들어갈 알맞은 수를 생각해 보라고 했다.

가) 3 → 6 → □ → 12 → □ → 18 → □ → 24

나) 1 → 2 → 4 → □ → 16 → 32 → □ → 128

다) 1 → 1 → 2 → □ → 5 → 8 → 13 → 21

첫 번째 '가' 문제는 구구단만 알고 있으면 쉽게 맞출 수 있는 문제였다. 아이들은 소리 높여 문제를 읽으며 답까지 말했다.

"3, 6, (9), 12, (15), 18, (21), 24!"

"좋았어. 그다음 문제의 답은?"

아이들은 '가' 문제를 맞출 때보다 약간은 작아진 목소리로 대답했다.

"1, 2, 4, (8), 16, 32, (64), 128!"

"오~, 어떻게 알았어?"

"아유, 앞의 숫자에 곱하기 2를 하면 다음 숫자가 나오는 거잖아요."

"좋았어. 그러면 '다' 문제의 답은?"

갑자기 정적이 흘렀다.

"자, '다' 문제의 답은?"

선생님은 더 큰 소리로 물어보았다. 수연은 어떤 규칙이 있을지 곰곰 생각해 보았다. '가'와 '나'처럼 곱하기를 하면 엉뚱한 숫자가 나왔다. 서현이가 가르쳐 주었던 '거꾸로 생각'하는 방법을 적용해 보았다. 즉 21에서 13으로 바뀐 변화에 집중한 것이다. 그러자 8이라는 숫자가 나왔다.

'어라, 그건 바로 13 앞의 숫자네?'

수연은 13에서 8로 오는 과정을 따져 보았다. 역시 그 두 숫자 앞의 '5'라는 숫자와 겹쳤다. 수연은 다시 순서를 바꿔서 생각해 보았다. 즉 앞의 두 자리를 더해 보았다. 5 더하기 8은 13, 8 더하기 13은 21. 실마리를 찾자 기쁨이 확 밀려왔다.

제일 앞으로 가서 첫 번째 숫자 1과 두 번째 숫자 1을 더해서 세 번째 숫자인 2까지 나오는 것을 확인한 다음에는 그 규칙이 더 확실해졌다. 그래서 수연은 자신 있게 큰 소리로 말했다.

"1, 1, 2, (3), 5, 8, 13, 21!"

선생님은 수연이에게 어떻게 문제를 풀었는지 물었다. 수연이는 자기가 답을 찾은 방법을 그대로 이야기했다. 당연히 곱하기부터 해야 한다고 여기던 생각의 벽을 뛰어넘은 것이 적중했다는 말도 빼놓지 않았다.

선생님은 난이도를 높이겠다며 다시 문제를 냈다.

※ 다음 곱셈의 답을 구하시오.

1) $34 \times 34 =$

2) $334 \times 334 =$

3) $3334 \times 3334 =$

4) $33334 \times 33334 =$

5) 3333334 × 3333334 =

아이들은 첫 번째 줄에 나와 있는 문제를 풀다가, 선생님이 쓴 세 번째 줄을 보고는 아예 손을 놓고 다른 사람이 계산을 마쳐 주기를 기다렸다.

"녀석들, 안 풀고 뭐해? 선생님이 공책 검사해서, 풀이를 안 한 녀석들은 숙제를 한 아름 내줄 거야."

보리 선생님이 아이들 책상을 돌아다니며 엄포를 놓기 시작하자 다들 정신없이 공책에 계산을 하기 시작했다.

"비판적 사고라고 하면 왠지 사회 과목이나 역사 과목하고만 연관이 있을 것 같지? 하지만 가장 어울리지 않아 보이는 수학하고 아주 큰 관련이 있어. 혹시라도 비판적 사고가 교과목과 관련이 없다고 의심한다면, 이번 기회에 그 관련성을 한번 경험하도록 해 봐."

선생님은 다섯 명을 뽑아 칠판에 문제의 답을 적도록 했다. 조금 시간이 걸렸지만 일단 세 번째 문제의 답까지는 모두 동일했다.

1) 34 × 34 = 1,156

2) 334 × 334 = 111,556

3) 3334 × 3334 = 11,115,556

수연이는 답을 보는 순간, 일정한 규칙이 드러나는 걸 느꼈다. 다른 아이들도 그걸 발견하고는 신기해했다. 하지만 곧 난관에 봉착했다. 곱하는 숫자의 단위가 늘어날수록 결과 값에서 보이는 몇몇 숫자도 늘어난다는 사실은 확인했지만, 정확하게 어떤 공식이라고 말하기는 어려워서였다.

선생님은 낑낑거리면서 곱하기를 하고 있는 네 번째와 다섯 번째 답안 작성자에게 손으로 계산하지 말고 눈으로 문제를 풀어 보라고 조언했다. 처음에 아이들은 감을 잡지 못하고 마구잡이로 추정치를 말했다.

"1000억."

"10조."

선생님은 껄껄 웃더니, 첫 번째 문제의 답부터 차근히 살펴보라고 했다. 아이들이 눈을 끔벅거리고만 있자, 친절하게 손가락으로 문제와 답의 한 부분을 살짝 가리켰다. 물론 말은 한마디도 하지 않았다. 선생님의 손가락을 따라 문제와 답을 본 수연이는 탄성을 질렀다.

'34를 보자. 마지막 숫자인 4 앞에 3이 있는 개수보다 하나 더 많은 숫자의 1이 답에 포함되고, 5는 3의 개수와 같고, 6이 제일 마지막에 붙는다. 그래서 34×34=1,156이 되는 거야. 두 번째 334를 보니까 3의 개수가 두 개로 늘어나면 1의 개수는 세 개로, 세 번째 3334를 보니 3의 개수가 세 개로 늘어나면 1의 숫자가 네 개가 되는군. 그러면 네 번째와 다섯 번째 문제의 1의 숫자도 몇 개인지 알겠어. 곱하기를 하는 수에 3이 몇 개가 있는지만 알면 되니까.'

수연이는 똑같은 방법으로 답에 있는 숫자 '5'가 곱하기를 하는 수에 포함된 3의 개수만큼 들어간다는 규칙을 찾아냈다.

선생님이 정답을 맞히는 사람에게 매점에서 빵과 음료수를 사 주겠다

수학으로 문제를 풀거예요.
이차방정식 공식으로 쉽게 풀 수 있을 겁니다.
저는 수학 귀신 이니까요.
~
수학 귀신
논술 수업에 웬 수학?
일련의 규칙을 찾는다면 논리적으로 쉽게 풀 수 있어요.
수연이
나는 계산기로….
규상이

는 공약을 내걸었다. 수연이는 그 말이 떨어지자마자 손을 번쩍 들었다. 그런데 수연이만 손을 든 게 아니었다. 여기저기서 손을 번쩍번쩍 들었다. 선생님은 수연이 다음으로 손을 든 학생을 지목했다.

그 친구는 수학을 잘하기로 소문 난 아이였다. 지목을 받은 아이는 마치 공식을 외운 것처럼 앞으로 나가 칠판에 수식을 써 나갔다. 그러고는 이렇게 설명했다.

"334는 곧 '333+1'이라는 생각을 할 수 있습니다. 그렇게 되면 $334\times334=(333+1)\times(333+1)=(333+1)^2$이 되지요. 이 구조를 잘 보면 이차방정식과 유사하다는 것을 알 수 있을 겁니다. 즉 $(x+1)^2=x^2+2x+1$이니까, 여기 3334×3334의 경우 앞에서 소개한 이차방정식 공식에 따라 $3333^2+(2\times3333)+1$이 됩니다. 그런데 3333^2은 3333×3333이잖아요. 3333을 다시 3을 중심으로 관찰하면 3×1111이라는 걸 알 수 있으니까, 즉 $3333^2=(3\times1111)^2=9\times1111^2$입니다. 1111도 같은 숫자가 반복되므로, 직접 풀어 보면 마치 4를 기준으로 거울에 비춘 것처럼 1234321이 됩니다. 즉 11의 제곱인 11×11은 121이고, 111을 제곱하면 12321인 식으로 말입니다. 그렇게 푼다면 이런 이차방정식 문제는 쉽게 풀 수 있습니다."

수연이는 콧방귀를 뀌었다.

'뭐야, 저걸 지금 쉽다고 하는 거야? 대체 뭐라는 거야?'

수연이는 자리에서 벌떡 일어나 수학 귀신과 다르게 자신이 꼼꼼히 관찰한 내용을 설명했다. 아이들은 확실히 수연이의 설명을 더 쉽게 이해했다. 선생님은 두 사람 모두 규칙성을 발견한 것은 똑같다고 말하며 이렇게 덧붙였다.

"한 명은 교과목과 연결시키려고 노력해서 답을 찾았고, 다른 한 명은 굳이 그리지 않고서도 수학 문제를 풀었어. 만약 너희가 평소에 비판적 사고력을 키운다면, 아마 자신도 모르는 사이에 수학 문제를 더 잘 풀고 사회 문제, 국어 문제, 심지어 영어 독해도 더 잘하게 될 거야."

선생님은 칠판에 단어 하나를 커다랗게 썼다.

관찰력

"관찰력! 비판적 사고력은 세부 조건을 관찰하는 힘에서 나오고, 너희가 고민하는 문제의 대부분은 관찰력으로 해결할 수 있다는 사실을 꼭 기억하기 바란다."

선생님은 수업을 끝내기 전에 두 가지 문제를 냈다. 하나는 전형적인 논리 퍼즐과 같은 문제였고, 다른 하나는 사고력 문제 같았다.

문제를 낸 선생님은 다섯 명의 답안 작성자와 수연이, 그리고 수학 귀신을 데리고 매점으로 향했다. 몇몇 애들이 공짜 간식을 얻어 먹을 수 있을까 싶어 선생님 뒤를 졸졸 따랐다. 하지만 보리 선생님은 '어우, 쪼잔해!' 소리가 절로 나올 정도로 인원수에 딱 맞게 간식을 사서 나누어 주었다. 간식을 건네받으면서도 수연이의 머릿속은 온통 문제 생각뿐이었다.

수연이는 집에 돌아오자마자 공책을 펼쳤다.

1. 카드 선택 문제

다음 네 장의 카드는 한쪽 면에 모음이 있을 때 다른 면에는 반드시 짝수가 있다는 규칙을 따른다. 실제로 이 네 장의 카드가 모두 이런 규칙을 따르고 있는지 알아보려면 어떤 카드(몇 장의 카드)를 뒤집는 게 가장 효율적일까?

2. 음주법 문제

미국의 어떤 주에서는 19세가 넘어야만 맥주를 마실 수 있는 음주법이 있다고 한다. 만약 여러분이 법을 제대로 지키고 있는지 확인해야 하는 경찰이라면, 다음과 같은 상황에서 어떻게 할지 생각해 보자.

신고를 받고 술집에 갔더니 네 사람이 앉아 있었다. 신고를 한 사람이 슬쩍 다가와서 탁자에 앉은 사람을 한 명씩 손가락으로 가리키며 이렇게 귀띔했다.

"등을 보이고 앉아 있는 제일 왼쪽 사람부터 오른쪽 방향으로 차례로 말할게요. 저 사람은 맥주를, 그 옆사람은 콜라를 마시고 있습니다. 그다음 사람은 열여덟 살입니다. 마지막 끝에 앉아 있는 사람은 스물다섯 살이고요."

이제 여러분은 음주법 위반 여부를 판단하기 위해 제보자가 말한 사람들을 검문해야 한다. 어떤 사람을 선택해서 알아보는 게 가장 효율적일까?

수연이는 카드 선택 문제보다 음주법 문제가 더 풀기 쉬워 보였다. 간식 냄새를 맡고 집까지 쫓아온 규상이도 마찬가지였다. 수연이는 빵을 반으로 갈라서 나누어 주며 규상이에게 물었다.

"네가 경찰이라면 어떤 사람을 선택할래? 그냥 네 평소 스타일대로 다 잡아서 족칠 거지?"

수연은 규상이가 모든 사람을 잡아서 검문하는 게 제일 빠르다고 답할 줄 알았다. 하지만 규상이의 답은 달랐다.

"그때 선생님이 하신 말씀 있잖아. 입장을 바꿔서 생각해 보라는……. 갑자기 검문을 받게 된 당사자들의 입장에서 생각해 봐. 다짜고짜 검문을 받으면 불만이 엄청나게 커지겠지? 실랑이를 벌이다가 불상사라도 생기면 어떻게 하냐? 그런 일이 생기면 경찰인 내가 책임져야 하는 건데. 그러니까 모두 검문을 할 게 아니라 가장 적은 노력을 들이고, 불상사도 최

소화시키면서 단속할 수 있는 방법을 찾아야지."

'어라, 이 녀석 보게.'

수연이는 놀란 마음을 짐짓 숨기며 대답을 재촉했다.

"그래서 답이 뭔데?"

"자, 성인이 맥주를 마시는 건 음주법에 걸리지 않아. 열아홉 살이 넘지 않은 사람이 맥주를 마시는 것만 규칙을 어기는 것이지. 그러니까 일단 맥주 마시는 사람을 택해서 그 사람이 몇 살인지 살피면 돼."

"그러면 다 되는 거야? 딱 한 명?"

"아니지. 미성년자는 술을 먹지 않는 것도 규칙이니까 나이가 열여덟 살인 사람을 택해서 술을 마시고 있는지 아닌지 살피면 돼."

이야기를 듣고 보니 자못 그럴싸했다. 규칙에 맞는 사례를 확인하고, 규칙에 어긋날 수 있는 반대 사례를 찾아 검증하면 되는 것이었다.

수연이는 자신도 원래 알고 있었다는 듯한 표정으로 말했다.

"그래, 내가 생각했던 것과 똑같네. 자, 그럼 첫 번째 문제는?"

"이거? 이거……, 이번에는 네가 풀어 봐."

이럴 줄 알았으면 쉬운 문제부터 풀어 버릴 걸 그랬다는 후회가 밀려들었다. 알파벳과 숫자는 둘 다 영어와 수학 과목을 떠올리게 해서 거부감이 일었다.

다행히 그 순간, 머리를 번뜩 스치는 생각이 한 가지 있었다.

'그래, 맞아. 관찰을 하는 거야.'

수연이는 이미 해결한 음주법 문제와 카드 선택 문제의 구조를 비교해 보았다. 비슷한 점이 많아 보였다. 아니 똑같았다. 카드 선택 문제도 규칙에 맞는 사례와 반대되는 사례를 찾는 카드를 번갈아 뒤집으면 되었다.

수연이는 태연하게 웃으며 말했다.

"이 형님이 네 사고력 개발을 위해서 뜸을 좀 들였다. 정녕 모르겠단 말이냐? 모르겠으면 내가 친절히 알려 주지."

"너야말로 몰라서 시간 끄는 거 아냐?"

"어, 그래? 그럼 내기할래?"

수연이는 규상이가 뺏어 먹은 간식보다 더 비싼 빵과 음료수를 내기로 걸었다. 규상이는 잠시 수연이의 눈치를 살피다가 말했다.

"콜! 좋아. 답이 뭐야?"

수연이가 곧바로 대답했다.

"카드 'E'와 '7'을 뒤집으면 돼. 음주법 문제와 똑같은 규칙이었어. 만약 내 답이 틀리면 너도 틀리는 거야."

룰루랄라 하는 수연이와 달리, 규상이는 한 방 얻어맞은 표정이었다.

"정말 그러네. 그런데 왜 아까는 이게 안 보였지?"

"그러니까 문제의 요소를 제대로 '관찰'하라고 선생님이 그러셨잖아. 그게 가장 큰 힌트였던 거야."

13

세상이 이제 다르게 보여

비판적 사고를 활용하는 방법

다음 시간에 선생님이 정답을 공개했다. 대박! 수연이와 규상이가 찾은 답이 맞았다. 하지만 애들은 'E'를 뒤집어 짝수가 있는지 본다거나, '4'를 뒤집으면 된다고 말하는 경우가 많았다. 그냥 규칙에 해당하는 사례만 찾으면 된다고 생각했지, 반대되는 사례를 찾아 효율적으로 검증하는 '반증법'을 잊고 있었던 것이다. 대신에 음주법 문제는 정답 비율이 비교적 높아졌다. 선생님은 결과를 놓고 재미있다는 표정으로 말했다.

"너희도 느꼈지? 논리는 그냥 퍼즐로서가 아니라, 현실적인 문제에 적용해서 생각할 때 더 쉽게 풀리기도 해. 뒤집어 말하면, 현실적인 문제 안에도 논리적으로 풀어 가야 할 요소들이 많이 있다는 뜻이지. 부디 여태까지 배운 규칙을 잘 활용해서 현명하게 살아갔으면 좋겠다. 비판적 사고력을 키우기가 힘든 건 일상생활과 결합시키지 못하기 때문이라는 점도 잊지 말고."

선생님은 일상생활 속에서 비판적 사고를 하는 데 도움이 된다면서 신문을 보여 주었다. 신문에는 다음과 같은 기사가 실려 있었다.

경찰총장은 올해 과태료 부과 액수를 전년과 대비해 겨우 10% 낮추겠다고 발표했다.

선생님은 '10% 할인'이라는 말에 동그라미를 쳤다.

"과태료가 100만 원이면 10만 원이나 줄여 주는 것이니, 10%라고 하면 객관적으로 나쁘지 않은 수치일 수 있어. 너희도 매점에 갔을 때 '열 번 빵을 사면 한 번은 공짜로 준다'고 하면 기뻐하잖아. 그런데 이 기사를 읽으면 그런 생각이 드니?"

아이들은 하나같이 고개를 가로저었다. 선생님은 또 동그라미를 쳤다.

"바로 요 '겨우'라는 단어 때문이야. 이 말 때문에 우리는 효과를 세세히 따져 보기도 전에 얕잡아 보게 되는 거야. 대신에 똑같은 수치 앞에 '확실히 차이 나게'라는 단어를 붙이면 어떨까? 그러면 자기도 모르게 대단한 수치라고 생각하게 되겠지."

선생님은 아이들과 눈을 맞추면서 말했다.

"객관적이고 비판적으로 사회의 사건 사고를 파헤친다는 신문 기사도 이렇게 비판적인 사고를 방해하는 말을 쓰고 있으니 항상 주의해야 해.

검거율, 전년 대비 10% 올랐습니다!
A신문은 '무려 10%나 올랐다.'고 하고
B신문은 '겨우 10% 올랐다.'고 하는군.
무려
겨우

앞으로도 '겨우', '오직', '~밖에', '~씩이나', '엄청나게', '놀랍게도' 등의 단어를 쓴 경우에는 해당 단어를 가리고 봐야 더 객관적으로 판단하는 데 도움이 돼. 그러면 기사를 쓴 사람의 숨겨진 의도까지 파악하는 재미도 덤으로 얻을 수 있지."

선생님은 몇 가지 사례를 더 소개해 주었다.

"어떤 회사 사장이 신제품을 설명하면서 '이번 주 저희 제품 판매율이 50%나 올랐습니다.'라고 말했다고 치자. 정말 비약적인 발전을 한 것일까? 그렇지만 비교 대상이 없어서 제대로 판단하기 어렵다는 게 함정이야. 지난 주 판매량이 100개였는데, 이번 주에는 150개가 팔린 게 정말 비약적인 발전이라고 할 수 있을까? 신문에서 실업률이 10% 증가했다는 보도가 있다고 하자. 이건 현재 실업률이 10%라는 뜻이 아니야. 예전 실업률이 5%였다면 지금은 5.5%라는 의미인 것이지."

선생님은 학생들에게 유인물을 나눠 주었다. 거기에는 신문 기사를 볼 때 비판적으로 사고할 수 있도록 도와주는 질문이 적혀 있었다.

- 기사에서 말한 것 이외에 다른 원인으로는 무엇이 있을까?
- 기사에서 주장하는 원리가 다른 곳이나 다른 사람, 다른 집단에도 적용될 수 있을까?
- 기사와 반대되는 사례로는 무엇이 있을까?
- 기사에서 객관적인 사실은 무엇일까?
- 기자가 추측으로 말한 부분은 무엇일까?
- 기자가 내린 결론을 뒷받침할 수 있는 근거는 무엇일까?
- 내가 만약 담당 기자라면 어떻게 바꿔 쓸 수 있을까?"

선생님은 예전에 '양을 파는 상인' 문제를 풀 때 다양한 입장에서 여러 가능성을 찾는 질문을 했던 것처럼, 어떤 상황에 대해 비판적으로 생각하게 만드는 질문을 하는 게 좋다며 한 가지 예를 들었다.

"빈번하게 나오는 일본의 역사 왜곡 문제에 대해서도 이렇게 질문하면 좋아. 큰 틀에서 비판적으로 생각할 수 있으니까."

- 일본의 과거 역사 왜곡은 현재 우리에게 어떤 영향을 미칠까?
- 왜곡된 역사 교육을 받는 것은 일본인에게 어떤 영향을 미칠까?
- 일본의 역사 왜곡은 중국이나 다른 아시아 국가에 어떤 영향을 미칠까?

선생님은 이번에도 간식을 걸고 아이들에게 일상생활 속에서 비판적으로 생각해 볼 수 있는 요소를 찾아보라고 말했다. 아이들은 현실과 접목하다 보니, 어느덧 다르게 생각하는 재미를 느끼는 모양이었다. 심지어 간식이 걸려 있다는 사실마저도 잊고 다양한 의견을 내기 시작했다.

"같은 정보도 누가 말했는지 살펴보는 게 좋아요. 인터넷에는 증거도 없는데, 이상한 찌라시에서 나온 것 같은 말을 확인도 해 보지 않고 그대로 옮기는 경우가 많으니까요."

"좋아, 신뢰가 가는 정보원인지 먼저 확인하는 자세!"

선생님은 적절한 의견이 나올 때마다 칠판에 학생의 이름을 적은 뒤 근사한 말로 정리해서 답을 적었다.

수연이가 손을 들고 말했다.

"말하는 사람은 당연하다고 여기는데, 혹시 그 속에 편견은 없는지 살펴야 합니다."

"그래, 정보 속에 숨어 있는 편견 골라내기. 첫 번째 수업 시간에도 누가 내 스카프 가지고 뭐라고 했던 거 같은데……. 아닌가? 아무튼 좋아."

수연이의 이름이 칠판에 적혔다. 그러자 이번에는 규상이가 재빨리 입을 열었다.

"전문가에게 기죽지 말기."

"음, 그건 무슨 뜻이지?"

"왜, 뉴스를 보면 별로 대단한 일도 아닌데 박사나 교수가 나와서 말하잖아요. 예능 프로그램에서도 의사가 이야기하면 해당 분야가 아닌데도 사람들이 그냥 고개를 끄덕이고……, 그런 게 이상해요."

"맞아. 그런 것을 논리학에서는 '권위에의 호소'라는 오류라고 하지."

선생님이 칠판에 규상이 이름을 적자, 한 아이가 뜨악한 표정으로 질문을 했다.

"권위에 호소하는 게 왜 오류예요? 전문가의 말을 듣는 건 필요한 일이 아닌가요?"

"전문가들이 해당 분야에 해박한 지식을 갖고 있는 사람들이기는 하지만, 그렇다고 해서 항상 올바른 결론을 내리는 건 아니야. 증권 전문가라고 매번 주식 시세를 정확하게 맞추는 건 아니잖아? 경기 규칙에 대해 빠삭한 심판이 항상 공정한 결정만 내린다면, 왜 운동 경기를 보면서 열받는 사람들이 생기겠니? 전문가라는 사람들도 충분히 오류를 범할 수 있으니 그들의 말을 찬찬히 따져 봐야 하는데, 단지 전문가라는 이유로 무작정 받아들이니까 오류라고 하는 거야."

규상이가 선생님 말에 덧붙였다.

"어떤 때는 자기 분야가 아닌데도 막 나선다니까요? 식당에 가면 연예인들의 평가나 사인을 걸어 놓고 막 자랑하는 곳도 있는데, 어른들이 그걸 보고 쫓아다니는 걸 보면 좀 한심하다는 생각이 들어요. 사람마다 입

맛이 다르고 연예인이라고 맛에 특별히 예민한 건 아닐 텐데, 그들의 의견을 무조건 따르려고만 하거든요."

"에이, 어른만 그러는 건 아니지. 너희도 연예인이 입었던 옷이라면, 더 좋아 보인다고 할 수도 없는데 마구 따라 입잖아. 어울리지 않는 학생들도 다 똑같은 옷을 사서 입는 바람에 교복처럼 보이게 만들어 버리기도 하면서 뭘."

비판적 사고는 다른 사람의 잘못된 점만 꼼꼼히 보는 것이 아니라, 자기 자신의 잘못된 점도 돌아봐야 한다는 선생님의 말씀이 다시 떠올랐다.

한 여학생이 손을 들고 삐딱하게 말했다.

"그래도 우리는 어른들처럼 황당한 싸움은 하지 않아요. 토론 프로그

그럴 거면 북한 가서 살아!
진정들 하세요.
내가 언제 북한을 옹호했어?
시사 토론기

램을 보면 완전 유치해요. 어떤 사람이 '한국 사회는 현대사를 왜곡시키고 있는 게 문제다.'라고 사실을 지적하면서 조목조목 말해도, 상대방이 '그럼 북한은 역사를 더 왜곡시키는데 왜 가만히 있느냐?'라며 북한 찬양자로 몰아가곤 해요. '북한'이라는 말을 꺼내지도 않았는데 말이에요. 이야기가 산으로 가게 만드는 데에는 어른들이 단연 뛰어난 능력을 발휘하고 있다니까요?"

"그래, 아주 좋은 지적이야. 그렇게 하지도 않은 상대방의 주장을 억지스럽게 만들어서 공격하는 것을 '허수아비 논증'이라고 하지. 의외로 우리 주변에서 쉽게 찾아볼 수 있어. '공부 열심히 해라.' 하고 부모님이 말씀하시면, '그럼 공부만 하다가 죽을까요?'라고 따지는 친구들……, 많지? 이런 경우도 '허수아비 논증'에 해당하지."

부모님에게 그렇게 대꾸해 본 적이 있는 아이들은 모두 웃음을 터트렸다. 이번에는 남학생이 일어나서 말했다.

"어떤 연예인이 팬과 만나는 자리에서 학창 시절에 맘껏 연애를 하라고 했더니, 한 기자가 '청소년끼리 연애하다가 아기를 가져도 좋다고 이야기했다.'고 기사를 낸 것도 '허수아비 논증'이겠네요?"

"그렇지!"

이후로도 간간이 아이디어를 내놓는 애들이 있었다. 하지만 슬슬 소재가 떨어졌는지 칠판에 쓸 만한 내용이 드문드문해졌다. 그러자 선생님은 '자연주의의 오류'에 대해 설명해 주었다.

"자연주의의 오류는 간단하게 말해서 '사실'과 '가치'를 혼동하는 데서

엄마들은 다 공부를 잘했대

세상의 엄마들은 다 학창 시절에 공부를 잘했다는데….
아깝다…. 한 문제 틀렸네.
"비록 한 문제 틀렸지만 엄마는 중간고사 때 전교 1등이라고 생각했어."
아깝다. 2번 쓰고 싶었는데….
하지만 전교 1등은 무난해~
와! 만점이다.
이런….
전교 1등을 놓쳤어~
나도 만점이야!
…
나도!
그 시험에 전교에서 만점자가 무려 364명이나 나왔어.
나는 겨우 한 개 틀렸는데…
아쉽게도 엄마는 전교 2등을….
그게 무슨 2등이야? 365등이지!

오는 오류야. 예를 들어 강간이라는 범죄가 있어. 이것은 '사실 판단'이지. 그런데 남성이 자신의 유전자를 많이 퍼뜨리려는 성향이 있어서 강간이라는 범죄는 있을 수밖에 없다거나, 혹은 어쩔 수 없는 일이라고 주장한다면 어떻게 될까? 이건 '가치 판단'이야. '자연주의의 오류'는 사실 판단을 한다고 생각하면서 정작 가치 판단을 하는 것이지."

아이들이 이해가 잘 되지 않는 듯한 표정을 짓자, 선생님이 다른 예를 들었다.

"만약 남자가 여자보다 힘이 세다는 것이 사실이라고 치자. 그렇다고 해서 여자가 남자의 보호를 받아야 하고, 여자는 남자에게 봉사를 해야 한다는 가치 판단까지 저절로 참이 되는 건 아니야. 그런데도 가부장적인 사람들은 여자가 남자보다 열등하다면서, 사회가 가부장적으로 변화하는 게 당연하다는 논리를 펴지. 이런 것도 자연주의의 오류야. 어떤 현실이 있는데, 그런 현실이 자연적으로 생겨날 수밖에 없다는 억지 이유로 합리화하려는 것 말이야."

"그럼 '술을 먹고 엉큼해졌다'는 사실 판단과 '술을 먹었으니 엉큼해져도 괜찮다'는 가치 판단은 다른 것인데도, 무언가 사건이 벌어질 때마다 '술 때문'이라고 변명하는 건 논리적으로 말이 되지 않는 소리네요?"

여학생의 날카로운 질문에 선생님은 반갑게 소리쳤다.

"그렇지, 바로 그거야!"

선생님은 잠시 뜸을 들인 다음에 차분하게 말을 이었다.

"너희가 지금 논리적으로 말도 안 되는 사건들과 우스꽝스러운 어른들의 모습에 대해 이야기했던 걸 잊지 마. 그러면서 엄청 한심해하고 답답해했다는 사실도 꼭 기억해. 만약 너희가 너 자신과 세상에 대해서 비판적으로 보지 않는다면, 어른이 되어서 똑같이 말도 안 되는 행동을 하게 될 수도 있어. 그래서 선생님이 일부러 너희 모습 속에서 지금의 어른들과 비슷한 점을 찾아서 이야기한 거야."

선생님의 말을 듣고 정말 싫다는 듯 몸서리를 치는 아이들도 있었다. 그 모습을 보면서 선생님이 말했다.

"아직 포기하지는 마. 너무 무서워만 하지 말고 비판적으로 생각하면 돼. 비판적인 사고를 많이 하면 너희가 싫어하는 어른들의 모습과 다른, 변화된 세상과 인생을 만들 수 있는 기회가 많이 있으니까. 사소한 일부터 중대한 사회 문제까지 무궁무진하다고 할 수 있지. 심지어 교과서에서 배우는 내용까지 비판적으로 본다면 왜 각 교과서마다 세부 내용이 조금씩 다른지, 그리고 교과서 내용대로 세상이 움직이지 않는다는 사실까지 발견할 수 있을 거야."

수연이가 선생님의 말씀을 들으며 생각해 보니 퍼즐뿐만 아니라 일상의 모든 것이 비판적 사고를 키우기 위한 자료들이었다. 수연이는 고개를 돌려 주변에 앉은 아이들과 보리 선생님, 그리고 창밖의 풍경을 살폈다. 모든 것이 다르게 보이기 시작했다.

수연이는 논리에 관심을 갖기 시작한 얼마 전의 자기 모습부터 비판적으로 돌이켜 보았다. 자신감이 부족해서 쉽게 주눅이 드는 모습, 열등감

○○했지만 ○○는 아닙니다.

술은 마셨지만
배우 음주원 씨, '음주운전'
음주 운전은 아닙니다.
음주원, "내 차는 자율 주행"
때린 것은 맞지만
주먹그룹 샌드백 회장 기사 폭행
폭행은 아닙니다.
백 회장, "격려의 스킨십"
도망간 것은 맞지만
개그맨 나도주, 뺑소니 입건
뺑소니는 아닙니다.
이도주, "술 취해서 기억 안 난다"

에 어쩔 줄 몰라 예민하게 반응하는 모습, 자신의 물건에 과하게 집착하는 모습 등등.

한편으로는 자신이 어떻게 비판적 사고에 더 긍정적으로 빠져들 수 있었는지 생각해 보기도 했다. 서현이와의 경쟁, 규상이와의 협력, 단기간의 목표 등 여러 조건들이 보였다. 그런 요소를 잘 섞으면 앞으로도 빠르게 성장할 수 있으리라는 자신감이 느껴졌다.

선생님이 비판적 사고를 하면 성공하든지 실패하든지 상관없이, 시행착오를 분석할 수 있게 되어 더 행복해질 것이라던 말씀이 머리가 아닌 가슴으로 느껴지기 시작했다.

자신의 부정적인 면까지 샅샅이 살펴보는 건 슬픔이나 좌절의 결과물이 아니었다. 자신을 속속들이 알고 난 다음에는 변할 수밖에 없고, 변하기 시작한 뒤에는 그 모습을 보며 기쁨을 느낄 수 있기 때문이다.

수연이가 생각에 빠져 있는 사이, 동아리 활동 시간이 끝이 났다. 선생님이 간식을 사 주기 위해 칠판에 쓴 아이들의 이름을 부를 때에도 수연이는 멍하니 책상 앞에 앉아만 있었다. 그런 수연이를 억지로 잡아끄는 규상이를 선생님이 나서서 말렸다.

"한참 생각에 몰입하고 있을 때는 방해하지 마. 이제 먹는 것보다 몇 배는 더 흥미로운, 생각하는 재미를 느끼고 있을 테니까. 수연이가 즐길 수 있도록 놔두자고."

규상이가 고개를 갸웃거리며 보리 선생님에게 말했다.

"선생님, 혹시 간식비 절약하려고 핑계 대시는 건 아니죠?"

"어허, 이런! 만약 내가 매점에서 저 녀석 몫까지 사서 최장군 너에게 전달해 달라고 하면 어쩔래? 그래도 내가 짠돌이여서 핑계를 대는 거라고 할 거야?"

예전 같았으면 바로 '네~.'라고 했을 규상이가 열심히 머리를 굴렸다. 규상이도 이제 더 이상 대충대충 생각하고, 생각나는 대로 아무렇게나 내뱉던 아이가 아니었다. 규상이는 틀려도 좋다는 생각을 하면서, 자신이 세운 '선생님은 쪼잔하다'는 가설을 입밖으로 쏟아내며 선생님과 함께 매점으로 발걸음을 옮겼다.

한편 수연이는 앞으로 다가올 중학교 생활을 머릿속으로 설계하느라 여념이 없었다. 한참 후에 규상이가 다시 부르러 왔을 때에는 마치 꿈에서 깨어난 것 같은 기분이 들었다. 하지만 그저 쓸데없이 망상에 빠져 있을 때와는 확연히 달랐다.

어깨를 나란히 하고 매점으로 향하는 수연이와 규상이의 발걸음이 한결 가벼웠다.

논리 실험실

비판적 사고를 발전시킬 재료는 주변에서 쉽게 찾아볼 수 있다.

다시 말하면 무궁무진하다는 것!

그중에서 청소년을 위한 재료를 몇 가지 추려서 소개해 보고자 한다.

《생각을 발견하는 토론 학교 철학 : 철학 대신 철학함을 배우는 시간》

최훈·박의준 지음, 우리학교

철학사나 철학 이론을 나열하는 대신, 실제 철학자들이 전개한 생생한 토론을 담고 있다. 철학의 중요한 쟁점을 다룬 논쟁에 독자로서 참여해서 철학자들이 실제로 문제를 다루는 방식을 배울 수 있으므로, 비판적 사고력을 키우는 데 큰 도움이 된다.

발레 〈백조의 호수〉를 보면서 끄덕끄덕 조는 사람이 있다면, 문제는 〈백조의 호수〉에 있는 것일까, 그 공연을 보면서 조는 사람에게 있는 것일까? 이처럼 한 번쯤 궁금하게 여겼거나 깊게 생각하기에 좋을 소재들이 여러 철학자의 입장과 함께 잘 어우러져 있다.

《잉여 사회 : 남아도는 인생들을 위한 사회학》

최태섭 지음, 웅진지식하우스

사회를 비판적인 시각으로 보는 것이 얼마나 재미있는지 확인할 수 있는 책이다. 이 책에는 웹툰, SNS 괴담 등 청소년들이 쉽게 접할 수 있는 소재들로 사회를 어떻게 비판할 수 있는지 자세히 설명하고 있다.

책을 다 읽고 나면 '찰지구나!' 하는 감탄사를 더욱 느낌 있게 사용할 수 있을 것이다. 이 책에서 인용한 책들을 읽어 보는 것도 비판적인 사고를 발전시킬 수 있는 좋은 방법이다.

이 책을 읽고 난 후《도덕적 인간은 왜 나쁜 사회를 만드는가 : 철학이 묻고 심리학이 답하는 인간 본성에 대한 진실》처럼 논리적으로 따지면서 인간과 사회에 접근하는 심리학 도서를 계속 읽어 보기를 권한다.

드라마

드라마라고 하면 '막장'이라는 이미지 때문에 과연 비판적 사고와 연결이 될지 의심이 들 수도 있다. 하지만 드라마 중에는 하나의 요소가 반전의 씨앗이 되어 엎치락뒤치락하는 모습을 보여 주는 경우도 많다. 이런 드라마의 경우, 세심한 관찰력을 기르는 데 큰 도움이 된다.

박경수 작가의 〈황금의 제국〉은 재미를 느끼면서도 비판적 사고를 키울 수 있는 대표적인 드라마이다. 결론을 보고 나서 세부적인 요소를 다시 살피면 군더더기 없이 잘 들어맞는 좋은 이야기였음을 깨닫게 될 것이다. 김은희 작가의 〈시그널〉도 비판적 사고를 하며 보기에 좋은 드라마이다. 영어 공부를 겸하고 싶을 때에는 〈셜록〉이나 〈CSI〉 같은 흥미로운 범죄 추리물도 크게 도움이 된다.

드라마를 볼 때 주인공의 대사나 외양에만 주목하지 말고, 이야기가 흘러가는 구조를 파악하려고 노력하면 새로운 재미를 찾을 수 있다. 그러면 잘 만들지 못한 드라마에서도 비판적 사고의 장점을 배울 수 있고, 또 다른 긍정적 요소를 찾을 수 있게 될 것이다.

영화

어떤 요소를 중심으로 보느냐에 따라 결론이 달라지는 영화가 많다. 그중에서도 논리적이면서도 가장 유연하게 열려 있는 결말을 보여 주는 대표적인 영화가 바로 〈인셉션〉이다. 영화를 볼 때 논리적으로 따져 보면 같은 영화라고 해도 전혀 다른 느낌을 받게 된다.

소설을 원작으로 하고 있는 〈헝거 게임〉 역시 생각할 거리가 많은 영화이다. 왜 주인공이 하필 청소년인지, 왜 주인공들의 이름을 역사 속 유명 인사를 따라서 지었는지, 왜 작가는 있지도 않은 새를 상징으로 만들었는지 등 세부 요소를 살펴본다면 더욱더 재미있는 결론을 얻게 될 것이다.

국내 영화인 〈곡성〉도 논리적으로 따지면 따질수록 해석이 달라지는 흥미로운 영화이다.

다큐멘터리

공중파 방송사의 시사 다큐멘터리 프로그램이나, BBC 등 해외 방송사에서 특정 주제를 중심으로 만든 다큐멘터리는 훌륭한 멀티미디어 자료라고 할 수 있다. 이왕이면 단편보다 몇 부로 이어진 연작 다큐멘터리를 시청하면서, 전문가들의 다양한 관점을 접하며 자신의 시각을 성장시키는 기회로 삼는 게 좋다.

어떤 주장을 펼치는 다큐멘터리인 경우, 반대 주장에 대해 전문가가 대비를 하고 있는지, 반대 사례까지도 고려하고 있는지 등을 살펴본다면 비판적 사고력을 키우는 데 도움이 될 것이다.

평론

자신이 본 드라마와 영화, 다큐멘터리 등에 대한 평론가의 글을 찾아보자. 얼마나 논리적으로 생각하느냐에 따라 같은 작품이라도 해도 다르게 해석하고 있다는 걸 알 수 있다. 비판적 사고를 키우기 위해서는 단순한 인터넷 검색보다 논리적으로 풀어 쓴 전문가의 평론 여러 개를 비교하며 읽어 보는 걸 권한다.

기분 나빴다면 미안해!?

첫판 1쇄 펴낸날 2016년 7월 20일
3쇄 펴낸날 2017년 6월 20일

지은이 이남석 **그린이** 정훈이
펴낸이 박창희
책임편집 길유진 **편집** 김수진
디자인 권은숙 **마케팅** 정주열
회계 양여진

펴낸곳 (주)라임
출판등록 2013년 8월 8일 제 406-2013-000091호
주소 경기도 파주시 회동길 57-9 파주출판도시 푸른숲 빌딩, 우편번호 10881
전화 031) 955-1820, 1821 **팩스** 031) 955-1825
이메일 lime@limebook.co.kr

ISBN 979-11-85871-44-8 44170
979-11-951893-8-0 (세트)

라임은 푸른숲의 자회사입니다.

* 잘못된 책은 구입하신 서점에서 바꾸어 드립니다.
* 본서의 반품 기한은 2022년 6월 30일까지입니다.

이 도서의 국립중앙도서관 출판시도서목록(CIP)은 e-CIP 홈페이지(http://seoji.nl.go.kr)와 국가자료공동목록시스템(http://www.nl.go.kr/kolisnet)에서 이용하실 수 있습니다.(CIP제어번호 : CIP2016017092)